LEGADO DI POIËMA

(poy'-ay-mah)

Vivian L. Le Blanc-Fidanque

Publikadó: Saved to Serve International Ministry (SSIM)
Coach: Drs. Luisette Kraal RN MA MS
www. Luisettekraal.com

ISBN: 978-1-960509-23-9

Kontenido

Prefasio

Laga e Fli sigui bula

Mi ke felisitá Vivian Le Blanc, alias Spiritual Eagle, pa publikashon di un kantidat respetá di poema ku e ta kompartí ku nos komunidat. Nan ta reflekshon di su persona, historia i mas ku tur kos, loke ta su eksperensia outéntiko ku Dios Tata den su bida, pa medio di e persona di Kristu Hesus. Ta poemanan honesto, sin fraña, ku no ta mustra kos bunita só pero ta ekspresá momentonan di orkan, kaminda fli di bida por tira tapa tapa i ta parse di bai dal kontra tera duru kayente di diabas di bida. Nos tur por rekonosé nos mes den diferente parti di e obra aki.

Tres aspekto krusial ta resaltá den e promé tomo aki: E identidat Caribeño i Kurasoleño ku ta un mangusá bunita di diferente pueblo, historia i lenga, komo ekspreshon di un pueblo. Na di dos lugá, e poemanan ta ekspresá e bida di tur dia i durante interakshon kotidiano ku otro hende. I Por último i mas importante ainda, ta ku e dos promé aspektonan ta iflèktu ku speransa den un Dios ku ta presentá su mes komo Tata no opstante tur doló di bida i pregunta ku no tur ora ta haña kontesta. Nos ta haña un pintura ku un palèt di koló: tin biaha shinishi tristu di bida bou di solo kayente ku ta laga rastro atras, pero danki Dios tambe kolónan bunita di kibrahacha i anglo ku floria den e mesun mondi di bida, ora Shon Tata Dios a i ta manda su yobida di grasia pa medio di su Yu.

E promé poema "E Fli" ta bisa nos tur kos for di kuminsamentu! Bida por tira tapa tapa den bientu kontrali i por parse manera e fli a pèrdè strea di nòrt, pero Maestro Trahadó di Fli ta den kontròl. Ta nos tin ku skucha su guia i laga kabuya di fli den su man. E fli lo alkansá altura nobo, manera e águila ku ta bula bai ariba.

Danki Vivian pa invitá nos pa subi fli huntu ku bo.

Isaías 40:31 pero esnan ku konfia den SEÑOR ta haña forsa nobo kada be; nan lo bula altu manera águila.

Marlon Winedt

Dedikashon

Na promé lugá, na mi Señor i Salbador Kristu Hesus, ku tin mi tené te ku awor.

Na mi esposo Glenn i mi yu hòmber Laverne.

Na Pastor Marlon Winedt, ku a pusha mi pa bai p'e.

Na tur persona grandi i chikí, mi famianan di sanger, esnan ku a bira famia despues, amistatnan, (eks) koleganan, a traves di tur e añanan.

Mi a siña 'de todo un poco', di boso tur. Boso tur a hasi di mi e persona ku mi ta awe.

Introdukshon

Apresiabel lektor,

LEGADO DI POIËMA (poy'-ay-mah)
Pakiko e título aki pa un buki di poesia?

(Efesionan 2:10)
Pasobra ta Dios a hasi nos loke nos ta: den Kristu-Hesus
El a krea nos pa hasi bon obra. Asina nos por kana den e
kaminda di bon obra, ku Dios a prepará kaba pa nos.

E palabra 'obra' tin biaha ta keda tradusí komo 'obra di man' òf 'obra maestro' ku ta derivá di e palabra Griego POIËMA (poy'-ay-mah) ku ta nifiká poesia. Dios a krea nos komo obranan di arte, obranan maestral, poesianan bibu.
Sinembargo nos arte a keda skuresé, pasobra nos tabata morto den nos transgreshonnan. *(Efesionan 2:1)*

E arte den nos t'ei presente kaba, i ta trabou di e Artista Divino pa revelá esaki. En bèrdat Dios ta restourando nos. El a restourá ami, ku ta un di Su hopi obranan maestro. Miéntras nos ta pasa a traves di reto i difikultat, pero tambe kosnan bunita den nos bida, nos por saka konsuelo di e konosementu ku e Artista Divino ta trahando den nos. I ta durante e trabou di e Artista Divino, Dios mi Kreador, den mi bida, tur e poesianan aki a nase. E poesia i pensamentunan aki ta data for di promé ku 1980 te ku awor. For di mucha mi tabata gusta skirbi. Mi tabata, i te ainda, ta gusta i tin un pashon inmenso pa idioma en general. I ku mi edat yòn mi tabata profundisá den loke ku mi tabata mira (hende hasi), tende (hende bisa), sinti, eksperensiá, etc. etc. I no ta di papia mes, for di e edukashon i siñansa di mi mayornan di kriansa, mi a retené mashá hopi mes te ku dia di awe. I mi no ta lamentá niun tiki di loke mi a karga bin kuné te ku awor den mi mochila.

Pues lo mi ke bisa bo: Djis kuminsá lesa, bolbe lesa, i drenta den mi mundu di mira, tende, sinti, eksperensiá, i purba abo tambe di retené di bo kriansa, edukashon, rekuerdonan i eksperensianan, ku abo mes tin kargá den bo mochila.

(Filipensenan 2:13): Pasobra Dios ta Esun ku ta traha den boso pa hasi boso kapas, no solamente pa deseá loke ta kuadra ku su boluntat, ma di kumpli kuné tambe.

Enjoy to the max!

Spiritual Eagle
Vivian Le Blanc

E Fli

E mihó trahadó di fli di mundu,
ku hopi pasenshi i dedikashon,
A traha un fli masha bunita.
El a hasi tur su preparashon ku hopi
pasenshi i pone tur kos kla.
El a kòrta su palunan, bon na midí,
el a skèrf nan presis,
Pa pasa su kabuyanan,
pa despues e mara nan na otro, bon stabil i
kordiná.
Despues el a dòrn'é ku su santu pasenshi;
I a skohe papel i adorno,
esnan di mas presioso i bunita.
Ku peso i balor, bon kalkulá, konsiente skohé,
Pa asina e lus di solo por resplandesé pasa dor di
dje.
E deseo di e maestro trahadó di fli
tabata pa e fli bula bai haltu,
Pa e fli bula stabil; pa e fli bula bon;
Pa e fli bula i alkansá tremendo alturanan.
Ora e maestro trahadó di fli a kaba ku e fli,
El a disidí di agregá un rabu,
pa asina e fli por a bula mas stabil.
E rabu lo mester a duna algu mas di peso,
Pa yuda e fli alkansá su altura sin muchu problema.

Pero e fli den man di e mucha,
ku no tabatin masha eksperensia,
A sorprendé i hasta spanta e mucha.

E mucha no tabata prepará pa e forsa di bientu ku
tabata dal kontra e fli;
Ni tampoko e no tabata sa kiko pa hasi
ora e bientu i e fli choka den otro,
I proboká un forsa riba e fli pa bai mas ariba.
Miedu a drenta e mucha su kurason.
I hansha a kuminsá kontrol'é.
Su dedenan tabata hasi doló,
di e kabuya ku a molestiá su dedenan chikitu.
Kasi e tabatin miedu ku e fli lo por
a rank'é bai ariba kuné.
E mucha tabata purba kore;
e mucha tabata purba kana.
El a kuminsá hala rosea pisá.
I su wowonan a yena ku awa.

E mucha tabata tende gritunan...
Atá, e ta bai kabuya! Ai nò, e ta tira mulina!
O, e ta bai tapa tapa!
Ai, at'é ta ku kabes bin abou! Ui,
e ta bin kai di banda!
Kore kue lihé! Pa e no dal abou kibra!
Su fli, su tesoro, ku e la subi ku asina tantu alegria.
Awor el a piki for di suela...
Nò, e fli no a kibra si...Danki Dios!

E mucha a bolbe tende stèm,
e biaha aki di e maestro trahadó di fli.
Un stèm ku amor i kariño ku a bis'é:
Ban mi yu, mi ta yuda bo subi e fli.
Lo mi mustra bo kon pa fir e kabuya.
Pokopoko tikitiki, pa bo no heridá bo dedenan.
Lo mi yuda bo komprendé e bientu.
Lo mi yuda bo kontrolá e fli segun e bientu.
Lo mi yuda bo snuk e kabuya ratu ratu.
Lo mi yuda bo kon pa para kontra e lus di solo;
pa esaki no molestiá i blèndu bo wowonan.
Pa asina e fli por subi; pa asina e fli bula bai haltu;
pa asina e fli bula stabil;
Pa asina e fli bula bon; pa asina e fli bula i
alkansá...
Tremendo alturanan!

Spiritual Eagle - 2021

Is This Your Will Lord?

When I am in turmoil,
At the edge of a wave,
On the fine line of the breeze,
Not knowing Your will.

When I am in doubts,
Tossed back and forth,
By the winds of despair,
And fight against the storm.

I know Your will is there,
I know Your eye is there,
I know Your hand is there,
I know Your love is there.

Spiritual Eagle - 1978

Sanashon di Paden

(Un Orashon)

O Señor, Abo ta Esun ku a krea mi,
maravioso i ekselente.
Bo a formá mi, pues Abo so sa di ki tera mi ta trahá;
I abo so ta kapas pa hasi di mi bida algu bon formá.
Kriatura Nobo Bo ta bisa ku mi ta,
For di dia mi a nase di nobo, mi sa ku mi ta.
Pero pakiko anto ainda tin un kònòpi den mi kurason,
I mi ta sinti straño, meimei di hende,
sin ningun rason?
Por fabor Hesus Abo ku ta Sanador Divino;
Hasi di mi un 'kriatura nobo' berdadero;
No laga esaki keda na solamente salbashon;
Pero laga mi paden tin kompletu sanashon.
Ken por a bisa ku for di niñes heridanan
a dal pega di mes?
Sintimentunan ku no mester ta eksistí;
Pa motibu di otronan ku kisas ni sikiera ya no ta
eksistí.
Oh danki Hesus ku Abo ta skucha orashon;
I ku bo ta e Maestro ku por trese renobashon;
Den e 'AMI' di paden,
Pa asina mi por pa medio di BO amor,
Hala otronan aden.

Spiritual Eagle - 1980

Rais ta Sprùit

Den un bida skur, kaminda no tin lus ni awa fresku,
Rais ta sprùit;
Raisnan di doló, hamber, set, rechaso,
rabia, pregunta, malesa,
sla di bida, kaya sin salida...
I pokopoko e skuridat i e sekura,
Ta alimentá e raisnan ku ta sigui krese,
I ankra nan mes den un tera, ku ta fértil
solamente pa desaster.

Pero e Palabra, e spada di dos fila,
Ta yega i ta koba i penetrá den e tera.
I sanashon, Pan Divino, Awa di bida,
Amor, Aseptashon, Kontesta,
Bida eterno,
Ta trese lus i ta rementá tur e raisnan maligno,
I ta filtra den e tera ku tur alimento nesesario,
Pa kresementu i fruta eterno!

Spiritual Eagle - 2014

Lo Mi Mir'É

Lo mi mir'É,
Si, lo mi mir'É,
Kara kara,
I ora mi mir'É,
Lo mi no por otro,
Ku baha mi kara,
Pa e resplandor,
Manera ningun otro tin,
I gradisiÉ pa e echo,
Di por a mir'É.

Spiritual Eagle - 1989

E Orkesta i e Konduktor

E orkesta ta pará kla pa aktua,
Kada un pará na su puesto indiká,
ta duna atenshon na postura,
I kada instrumento ta kuidadosamente prepará.
Tin tenshon, pipita di sodó por kita atenshon,
Aki aya bo ta mira mannan ku lensu ta bai frenta,
Sperando riba e momento ku e
lus skèrpi nan tin ku enfrentá.
Tin kietut,
kurasonnan ta bati kada minüt mas duru,
Pero sinembargo kada integrante tin seguridat,
Ku nan konduktor ta duna kontrol e prioridat.

E lusnan ta sende,
un siñal di nan konduktor nan ta tende,
I sin preokupá ku ningun hende, nan tono nan ta
laga tende.
Ku moveshon...Ekspreshon...Dedikashon...
E música bunita ta kuminsá resoná.
Kada parti bon hinká den otro,
kada pousa bon tumá.
Kada Nota, kada Tono
Niun riba su so, huntu un ta dependé di e otro.
Nan ta bon entoná, e wowonan par na par,
ta fiha stret dilanti.
Nò, nan bista no por kita for di nan Konduktor.

Spiritual Eagle

Luna ta Tapa Solo?

Klaridat ta reina den mi bida,
Lus i no skuridat,
Pasobra Hesus ta e Lus di mi Bida.

Mi blachinan ta bèrdè i fresku,
E kayente di kalor di Spiritu Santu,
Ta supla den mi ramanan.

Paranan ta bula kontentu i alegre,
Pa skonde di e kayente meimei di mi takinan,
Nan a bandoná nan nèshi,
Alimento i awa nan ta bai buska.

Di ripiente... pokopoko... Frialdat...Un bientu friu
pero sofokante...
Sombra...i pokopoko ...skuridat
Kiko a pasa?
Mi blachinan no ke keda habrí!
Mi ke bai drumi!
Mi amigunan paharito,
No ke keda mas riba mi takinan!
Pero nan ke buska nan nèshi,
Pa nan bai skonde pa skuridat!

Spiritual Eagle-1998
(Eklipse Solar na Kòrsou)

Señor Pordon

Señor pordoná mi pa mi fayo,
Pordoná mi pa mi piká.
Bida i lus Bo a trese pa mi,
Pero atrobe mi a faya Bo,
I en bes di lus,
Skuridat a bin den mi bida.
I no solamente mi mes,
Pero otronan mi a perhudiká.
Ku en bes di lus,
Skuridat mi ta reflehá.
Sinembargo, danki Señor,
Ku miéntras skuridat i refleho di
piká ta hala kita bai,
E lus di bo bida atrobe ta reflehá den mi,
I un biaha mas,
Mi por ta un lugá di bida i lus pa otronan.

Spiritual Eagle - 1998

Nos ta Peregrino

Nos ta peregrino biahando riba e kaminda smal,
I esnan ku a bai nos dilanti ta pará
kantu di kaminda,
Gritando pa esnan fiel, enkurashando esnan kansá,
Nan bida ta un tèstamènt bibu di Dios Su
grasia sostenedó.

Rondoná pa un nubia asina grandi di testigu,
Laga nos kore e kareda no solamente pa e premio,
Pero manera esnan ku a bai nos dilanti,
Laga nos laga'tras pa esnan nos tras,
E herensia di fieldat pasá ofer pa medio di
bidanan yen di Dios.

O, ku tur ku bini nos tras por haña ku nos ta fiel,
Ku e kandela di nos deboshon lusa e kaminda,
Ku e markanan di nos pista, por guia nan pa kere,
I e bida ku nos ta biba, inspirá nan pa obedesé.

Despues ku tur nos speransa i soñonan a bin i bai,
I nos yunan ta sefta den tur loke nos a laga'tras,
Mara e pistanan ku nan deskubrí,
I e memoria ku nan destapá,
Bira e lus ku ta guia nan,
Na e kaminda ku nos tur mester haña.

Spiritual Eagle -1990

Sombra

Ora bo ta pará ku bo lomba pa e solo,
Sombra ta bo dilanti.

Ora bo bira bo lomba pa e sombra,
I bo kara pa e lus,

Outomátikamente bo no ta mira e sombra.

Ounke e tei si....

Asina ta ku Señor!

Spiritual Eagle - 2000

Kreador

(Salmo 139: 13-18)

Sí, B'a forma mi te den mi mondongo, Bo a hila mi den barika di mi mama. Mi t'alabá Bo pasobra B'a traha mi di un manera asombroso, un milager. Hundu den mi kurason mi sa esei. Bo sa kon mi organismo a forma, kon mi ta'ta krese den skondí, bunita di flèktu den barika di tera. Fo'i promé ku mi a nase B'a mira mi; e dianan ku Bo a pone pa mi, den bo buki nan tur tabat'ei promé ku un di nan a yega. Dios, ki profundo bo ideanan ta pa mi, kuantu di nan tin na tur! Mas inkontabel ku pipita di santu! I si akaso mi kaba di konta, anto mi n' ta kla ku Bo ainda.

O Kreador di Shelu i Tera i di tur loke tin aden, O
mi Kreador, Abo ta Esun ku a krea mi.
O Kreador di Shelu i Tera i di tur loke tin aden,
Abo a krea e Lus, Abo a separá lus for di skuridat,
ku tabata riba e korientenan (dia i anochi);
Abo a krea e awanan ariba i abou (shelu);
Abo a separá e laman for di e tera seku.
O Kreador di Shelu i Tera i di tur loke tin aden,
Abo a krea yerba, mata, palu di fruta
(simia pa nan sigui);
Abo a krea e solo pa reina di dia,
i e luna i streanan pa reina anochi;
e sernan asina chikí i grandi den e awanan,
paranan den e firmamentu.
I bo a duna nan e Palabra,
sea fruktífero, i multipliká.
Abo a krea e bestianan di kampo.

I te na último, e di 6 dia Abo a krea ami,
Sigun bo Imágen i Semehansa Bo a krea mi,
Pa mi tin dominio riba henter bo kreashon.
Pero Señor ....
Despues ku Bo a krea mi asina maravioso,
mi a destruí e pañanan ku Bo a bisti mi.
Pero Abo o Kreador,
a duna mi pañanan nobo
kubrí ku Bo Sanger.
I atrobe Bo a duna mi dominio riba e kreashon,
i hasta e kreashon spiritual pa vense
e enemigu den desierto.
I alafin lo mi heredá loke Abo a gana pa mi.

Spiritual Eagle - 2000

Sintá den Skochi di Hesus

Bo tabata sa ku,
Bo por tin kuantu aña ku bo ke,
Pero bo por sinta den skochi di Hesus?
Bo tabata sa ku,
Bo por brasa Hesus sintá den Su skochi?
Bo tabata sa ku,
Bo por papia kuchikuchi den Su orea loke bo no ke
pa niun hende tende,
sintá den skochi di Hesus?
Bo tabata sa ku,
Bo por wak E den Su wowonan sintá den Su skochi?
Bo tabata sa ku,
Bo por tende ku mas klaridat loke E ta bisa bo,
Sintá den skochi di Hesus?
Bo tabata sa ku,
Ora bo ta yora e ta brasa bo i konsolá bo sintá den
Su skochi?
Bo tabata sa ku,
Bo por djis keda ketu,
Sintá den skochi di Hesus?
Bo tabata sa ku,
Bo por sinti holó di shelu sintá den Su skochi?
Bo tabata sa ku,
Lo bo no tin gana di baha for di,
Skochi di Hesus?
Bo tabata sa ku,
Lo bo anhelá pa no tarda hopi pa bo bolbe,
Sinta den skochi di Hesus?

Spiritual Eagle - 2021

1 Korintionan 13:1-8

P a di promé biaha mi a sinti mi stimá di bèrdat,
R ápidamente e buraku den mi kurason a disparsé,
O ra amor berdadero, no meramente palabra,
   ni sabiduria superfisial,
M i kurason a sana i suavisá,
É Amor di Dios, esei a aseptá mi i salbá mi di bèrdat.

K ristu tabatin asina tantu pasenshi ku mi,
O ki kariñosamente E ta trèk mi,
R ason E no tabatin pa envidiá mi,
I buskando Su mes, NÒ pero amor sin fin pa mi,
N i sikiera E tabata iritá ku mi,
T ampoko tumando na kuenta e maldat di mi,
I hibando tampoko gustu den e inhustisia den mi,
O brando E tabata pa e bèrdat bira parti di mi,
N ada tabata sekretu pero El a tapa tur pa mi,
A sta El a soportá morto pa mi,
N ingando Su mes sperando e kontesta di mi.

D en e skol di amor awor diariamente mi ta,
I e lenga selestial siñando mi ta,
E ta instruí mi pa no ta manera klòk ku ta bati,
S erunan ku fe awor mi por move,
T ur don den grasia mi tin mag di ehersé,
R isibiendo konosementu di misterio i profesianan,
E kosnan material awor mi por repartí,
S in negligenshá den tur esakinan e mas grandi ku
   ta AMOR!

U n kos so mi ta deseá,
N i maske nan ke kima mi kurpa lo mi no bèk atras.
U n deseo so mi tin.

T uma O Señor henter mi ser,
E nteramente manera Bo mi ke ta.

O ku mi por kima ku amor pa mi mustra otronan,
C hèns bo ta duna pa nan bin riba e bon kaminda
H inka den mi tur e ingredientenan di Bo amor,
O brando asina pa trèk hopi serka di Bo kurason...
                    KU TA BASHA OFER DI AMOR!!!

Spiritual Eagle - 1989

Hesus
Kuantu Bo ta Stima Mi?

Un yu ta puntra su tata:
Kuantu Hesus ta stima mi?
E tata ta kontestá:
Mi no sa mi yu, puntra E mes.
E yu ta bai riba Seru Kalvario i a puntra Hesus mes.
I miéntras soldánan tabata hala Hesus Su brasanan
pa pone riba e krus pa klaba nan,
Hesus a kontestá:
Asina hopi mi yu! I e martin a zona...!!

Spiritual Eagle

E Mundu Aki ta Korumpí!

Señor di mi alma,
Doño di mi bida,
Tata di mi,
Tata Selestial,
Mi ta fadá!
I bo sa...
Bo sa kon mi ta sufri.
Te ki dia mi Tata?
Te ki dia mi tin di keda esforsá mi mes asin'aki?
Mi ke ta un tiki felis;
Pero mi no por ta felis den e mundu aki.
Nunka!
E mundu aki ta korumpí!
Kompletamente dañá!
Mi no por sinti mi bon meimei di e hendenan aki!

Spiritual Eagle

Piedranan Presioso

Un di e piedranan presioso mas
gustá na mundu ta djamanta.
Kisas abo mes tin un renchi ku djamanta bistí.

Bo tabata sa ku:
Nos tur ta prendanan pa Dios?

Bo tabata sa ku:
Nos tur ta piedranan presioso pa Dios?

Bo tabata sa ku:
Un djamanta promé ku e bira un djamanta mester
limpi'é kita tur sushedat for di dje?

Bo tabata sa ku:
Esei ta e símbolo di e hende den piká?

Bo tabata sa ku:
Dios sa presis kuantu sushedat e mester kita'fó?

Bo tabata sa ku:
Un djamanta mester keda di sleip ku un otro
djamanta?

Bo tabata sa ku:
Esei ta nifiká ku un Kristian ta sleip e otro Kristian?

Bo tabata sa ku:
Al fin i al kabo no ta importá e kantidat
di sorto di piedranan presioso,
Pero tur ta úniko i spesial pa Dios i Kreador, ku a
krea tur piedra presioso.

Spiritual Eagle – 2021

Un Yu i Su
Tata ta Bai Keiru

Mi yu nos ta ban dal un keiru?
Si Papai, hopi dushi.
Laga nos bisti nos kèts.
Kòrda mara e feternan bon pa nan
no lòs na kaminda.
Unda nos ta bai Papai?
Ai, nos ta kana sali for di nos kaya aki,
I sigui e kaminda te ora nos subi e
seritu ku tin ei banda;
Ei nos por subi sinta riba e seritu un ratu.
Ei nos tin un bunita bista rònt.
Nos por sinta kombersá, i hasta hunga
un wega di ken ta rekonosé e
edifisionan ku nos ta mira djaleu.
Hopi bon Papai, ami ta kla.
Papai tambe ta kla?
Si mi yu, ban.
Bo mester primintí mi algu si mi yu.
Kiko esei ta Papai?
Ku bo ta tene mi man duru segun nos ta kana.
No laga mi man bai.
Mi ke ta sigur ku bo no ta kana duru,
ni kore bai laga mi.
Esei ta sigur Papai. Mi ta primintí.
Si Papai, tene mi man duru segun nos ta kana.
Mi ke ta sigur ku Papai no ta kana duru,
ni kore bai laga mi.

Spiritual Eagle - 2021

No Wak Patras, Wak Dilanti

Pakiko no wak patras? Pasobra...
Ora mi wak patras kiko mi ta mira?

Mi ta mira:
Un bida bieu ku ya no ta eksistí mas.
Un bida bieu ku a keda derá tantu aña pasá.

Ora mi wak patras mi ta mira:
Un bida bieu ku su kontenido no ta nada
mas ku amargura.
Un bida bieu ku su kontenido no ta nada
mas ku lágrima.
Un bida bieu ku su kontenido no ta nada
mas ku doló.
Un bida bieu den kua mi no tabatin pan.
Un bida bieu den kua mi no tabatin awa.
Un bida bieu ku su kontenido no ta nada mas ku
pregunta sin kontesta.
Un bida bieu ku tabata hopi bashí,
sin kontenido.

Pakiko wak dilanti? Pasobra...
Ora mi wak dilanti kiko mi ta mira?
Mi ta mira:

Un bida nobo ku lo keda eksistí pa eternidat.
Un bida nobo ku a resusitá tantu aña pasá.
Ora mi wak padilanti mi ta mira:
Un bida nobo ku su kontenido ta yen di lechi i miel.
Un bida nobo den kua tur mi lágrimanan
ta den un bòter wardá.
Un bida nobo ku su kontenido no tin nada di doló.
Un bida nobo den kua mi tin e Pan di Bida.
Un bida nobo den kua mi tin e Awa di Bida.
Un bida nobo ku su kontenido no tin
mas pregunta sin kontesta.
Un bida nobo ku ta hopi yen,
ku kontenido eterno.

Spiritual Eagle - 2021

Dia di Mama

Dia di Mama no ta riba Dia di Mama so.
Dia di Mama ta tur dia.
No ta riba Dia di Mama so Mama mester haña flor.
Pero tur dia, pasobra tur dia ta dia di Mama.
No ta riba dia di Mama so Mama mester haña
regalo.
Pero tur dia, pasobra tur dia ta dia di Mama.

Tur dia ku asta no ta dia di Mama, Mama ta duna
otronan mas ku flor;
Tur dia ku asta no ta dia di Mama, Mama ta duna
mas ku regalo.
Tur dia ku asta no ta dia di Mama, Mama ta duna,
Su atenshon,
Su amor,
Su dedikashon,
Su entrega total,
Su lágrimanan,
Su orashonnan,
Su preokupashon,
Su pasenshi,
Su sakrifisionan,
Su siñansanan.

Spiritual Eagle – 2021

(36)

Bo ta Komprendé?

Un Kristian ta forma parti di:
E Kurpa di Kristu – Kristu ta e kabes.
E Edifisio - Kristu ta e Piedra Prinsipal.
E Brùit - Kristu ta e Brùidehòm.
E Famia – Dios ta e Tata – Hesus ta e ruman
grandi.
E Yunan di Dios – Dios ta e Tata.
E Herederonan di Dios – Dios e Tata ta Esun ku a
laga e herensia.
E Tou di karné – Hesus ta e Wardadó.

Spiritual Eagle

Drumi Brasá ku Dios

Señor,
Manera mi ta brasa mi kusinchi,
Mi ta brasa Bo.
Pero...
Bo ta muchu grandi...hopi grandi,
Mi brasanan no ta yega pa brasa Bo.
Pero Bo a hasi Bo mes asina chikitu,
Ku Bo a bin biba den mi Kurason.
I asina mi ta djis brasa mi mes,
I asina mi por brasa bo tòg!
Den bo brasanan mi ta trankil.
I mi no tin miedu.
I lo mi drumi dushi!
Bonochi Dios!

Spiritual Eagle

Union ku Kristu

Union ku Kristu,
Di paden i pafó,
Lo bo ser renobá,
Lo bo ser transformá,
Lo bo ser glorifiká.

Pero bo tin di muri,
I krusifiká bo karni,
Renobá bo pensamentunan,
Pa asina bo por ta uní ku Kristu,
Uní ku Kristu riba e krus.

Spiritual Eagle

Eksistensia di mi Kurason

Señor,
Ku tres siman di eksistensia,
Den barika di mi Mama, Bo a forma mi kurason.
Ki importante esaki mester tabata pa Bo,
Mi kurason tabata den Bo man Señor.
Na momento ku mi tabata kla pa bini na mundu,
Mi kurason tabata den Bo man Señor.
Na mi mucha ora mi a kuminsá eksperensiá,
Kosnan kompletamente nobo i straño,
Tur e emoshonnan huntu no a poné mi debilitá
pasobra,
Mi kurason tabata den Bo man Señor.
Den mi adolesensia ora preguntanan,
I inseguridatnan tabata asotá mi,
Mi kurason tabata den Bo man Señor.
Mi añanan di adulto na kaminda pa sigui krese,
Na momento di laga man di mi mayornan lòs i kana
mi so,
Mi kurason tabata den Bo man Señor.
Na momento ku mi a mira un hòmber yora di
amargura,
Na momento ku mi a mira un mucha chikitu ku a
pèrdè kaminda,
Na momento ku mi mester a despedí di un ser kerí
pa motibu di morto,
Na momento ku palabranan duru a sali for di boka
di un stimá,
Na momento di despedí sin sa si lo bolbe topa
atrobe,
Mi kurason tabata den Bo man Señor.

Na momento ku mi por a mira un solo briante,
Na momento ku mi a mira áwaseru forma
koronanan di tur sorto di forma
riba mi stupi di kas,
Na momento di euforia i alegria eksplotante,
Na momento ku mi por a hala aden e fragansia
dushi di un mardugá,
Na momento ku zonido di olanan di laman tabata
sera afó tur otro zonido,
Mi kurason tabata den Bo man Señor.
I dia ku mi a komprendé ku mi kurason ta muchu
mas ku djis un órgano pa pòmp sanger pasa den mi
kurpa,
Dia mi a komprendé ku mi kurason ta e fuente di
tur loke Abo ke hasi den mi,
Di bèrdat mi a entregá mi kurason den Bo man
Señor,
I awe Señor,
Bo kurason ta den mi man,
Pasobra Bo a duna mi Bo Palabra, Bo
sentimentunan,
Bo deseonan, Bo mandamentunan;
I mi tin nan den mi mannan pa guia otro kurason
den Bo man!
Mi kurason ainda ta den Bo man Señor!

Spiritual Eagle

Restourashon

Rondoná di blòkinan kibrá,
E Kristian ta biba,
Sin realisá ku kada dia,
Toren fuerte ta e piedra di skina.
Ora e permití Señor, sin límit'É,
Un dia di ripiente inesperá
Restourashon total lo bini.
Alma te den su partinan profundo,
Ser kompleto na e só dediká,
Hende rònt mundu lo por mira,
Ora Señor tuma ofer i restourá,
No solamente e blòkinan, pero e edifisio kompleto.

Spiritual Eagle - 1996

Esun Ku ta Bendishoná

Esta dushi ta pa atendé
Ku Esun Ku ta bendishoná!
Muchu mas dushi ku pa atendé
Ku solamente...
E bendishonnan!

Spiritual Eagle – 2021

E Fundeshi òf e Kas?

Mateo 7:24-27

P'esei ken ku tende e palabranan di Mi akí i kumpli ku nan
ta manera e hòmber sabí ku a traha su kas riba baranka.
Áwaseru a kai, riu a subi tera i bientu a suta kontra e kas,
ma e kas no a basha aden. Pasobra e tabata trahá riba
baranka. Ma ken ku skucha e palabranan di Mi akí i keda
sin kumpli ku nan, ta manera e hòmber bobo ku a traha su
kas den santu. Áwaseru a kai, riu a subi tera, bientu a suta
kontra di e kas. E kas a basha aden. Esta un kaida duru!'

Un kas, trahá di palu, chikitu,
En komparashon ku un kas, trahá di piedra,
grandi...
Tur dos por ta bunita òf mahos ...
dependé kon bo ta wak nan.
Pero pa ámbos kas
E efikasia i éksito ta sintá, no den
E Palu
Òf
E Piedra
Pero den e fundeshi.

Spiritual Eagle

Tene e Kas Limpi i Útil

2 Timoteo 2:20-22
Den un kas grandi bo ta haña opheto di oro i di plata, pero tambe di palu i di klei; algun ta di balor i otro no tin balor. Siñadó falsu ta manera e kosnan sin balor. Ora un hende deshasí di nan, e ta bira algu di balor. E ora ei e ta spesial i útil pa su doño, prepará pa hasi tur sorto di bon obra.

Paden,
Pafó,
Rondó di e kas,
Ten'é limpi.

Spiritual Eagle

Ken Dios ta Realmente?

Ken Dios ta?
Ken Dios ta realmente?
E Ser mas haltu Supremo,
Ku a krea shelu i tera i,
Ku a proveé SALBASHON pa humanidat;
I ku ademas di esei,
Ta proveé diariamente,
Pa kana kun'É drenta ETERNIDAT.

Spiritual Eagle

Invershon

Bo tabata sa ku bo por hasi un invershon
masha presioso mes?
Riba kiko bo ta pensa ora bo tende e
palabra 'invershon'?
Invershon bo por hasi di hopi
forma i den hopi kos.
Den kas,
Den estudio,
Den hende,
Den tereno,
I sigui pensa...
Bo por hasi invershon pa korto plaso,
Bo por hasi invershon pa largo plaso.
Pero bo tabata sa ku,
Invershon den matrimonio tambe ta posibel?
Si, matrimonio ta un invershon.
Mas bo invertí den matrimonio,
Mas tantu benefisio bo ta saka afó...
Riba plaso eterno.

Spiritual Eagle - 2021

E Palmera

E Palmera ta pèrdè su blachinan,
I ta keda un sikatris kaminda e blachi a kai;
Despues ta sali flor,
Despues fruta ta bin.

Pens'e Pens'é!...

Spiritual Eagle

Kristian,
un Piská den Laman

Piská ta biba den laman,
E laman ta salu,
Pero e piská si no ta bira salu...
Mester pone salu ora ta prepar'é pa kome...

Salu di tera nos komo Kristian mester ta,
Pa nos mes no keda kontaminá,
I pa dor di nos e alrededor,
Tampoko kontaminá.

Spiritual Eagle

Olanan

Olanan, olanan haltu i espumoso,
Olanan, olanan, zonando manera bos,
Olanan, olanan, kolónan eksitante,
Olanan, olanan, beyesa di nos Dios,
Olanan, olanan, hopi, fresku, dushi,
Olanan, olanan, limpi, pisá i grandi.

Drenta, bati, hala bin kuné,
Pasa, bati, hala bai kuné,
Koba, bati, drenta te paden,
Sali, bati, raspa saka bai.

Olanan, olanan, di unda boso ta bin?
Olanan, olanan, na unda boso ta bai?
Olanan, olanan, traha den mi,
Olanan, olanan, traha pafó di mi.

Spiritual Eagle - 1984

Potoshi!

Tin momento den mi bida
ku mi ta yega na e punto,
Ku mi tin e deseo ferviente di ke
"rùim òp de boel"!

Potoshinan akumulá durante
añanan den mi kas,
Pero tambe potoshinan ku a
akumulá durante añanan den mi ser.
Pero hopi biaha e deseo ferviente aki no ta
sufisiente fuerte,
Pa pushá mi pa dal bai sin
rekohé e potoshinan bèk.

Pakiko?
Ai pasobra ta komo si fuera,
E potoshinan ei a bira parti di mi karni,
I ni maske kon mi purba, mi no por ranka nan kita.
Mi ta wak, mi ta lesa, mi ta pensa..."
ai e tin uso ainda";
Mi ta kòrda i rekordá...
I ta te na momento ku mi realisá...
Ku e potoshinan ei tabata leu wardá...
I ku ta un deseo ferviente pa "rùim òp de boel" a
pone mi kuminsá...
Ta te e momento ei numa mi ta disidí,
Sea di tira afó, duna un otro hende,
Òf... ward'é bèk.

Señor yudá mi tira afó tur loke ku ta
potoshi di bèrdat den mi ser;
Yudá mi duna na un otro ku
lo no lag'é bira potoshi.
Pero ku lo mira su utilidat.
Yuda mi pa solamente warda e loke ku ta sirbi pa
edifiká mi mes òf un otro despues,
I ku solamente ta trese grato rekuerdo
di loke ABO a hasi den mi ser.

Potoshi...Ta ken ta gusta potoshi?...

Spiritual Eagle – 2000

Kima sushi - E lenga

Basá riba e Skritura di Hakobo/Santiago den Beibel 3:1-12

Bo a permití e enemigu bula manera
para bin sinta riba bo kabes,
I bo no a strob'é di traha nèshi einan.
Pero bon yongotá den e nèshi el a
tuma posishon di bo lenga,
I bo a guia e timon ei den mal direkshon.

Bo a papia riba bo ruman,
E lusafè a sende i a lanta un kandela den sabana,
Bo a bira lomba bai sin sa ku el a keda sulfurá.
Awor bo ke pag'é, pero e no ta paga un, dos, tres.
Bo no a sigui basha gasolin? Bo no a sigui pone
mas sushi aden?

Bientu ta supla i bo no sa di unda e ta
bin ni unda e ta bai.
Bo ta mir'é anto?
Asina ta tambe ku bo palabranan.
Un kos ta sigur, nan ta notá den bo buki
di hasi kuenta.

E kandela ku bo a sende ei no, e lo keda
kushiná te ora tur kos,
Kaba na nada, i bira shinishi.

Tanten ku bo no disidí di
basha awa lo e no paga,
pero lo e sigui kima i destruí.
Basha e awa di Dios Su Palabra,
I lag'é, permiti'e, dun'e su kaminda,
Pa paga e kandela di sushi ku abo a start!

Spiritual Eagle – 2000

Libertat

Kiko ta nifiká, tin libertat?

Bo tin e poder òf e derechi di,
Aktua, papia òf pensa,
Manera bo ke.

Libertat ta un estado di no ta un prezu,
Òf un katibu.

Libertat ta tin e kapasidat,
Di aktua òf kambia sin restrikshon.

Libertat ta pa hasi kosnan,
I no keda strobá pa otro forsa.

Libertat ta...
Ora e kadenanan a keda kibrá...

Pero kon bin ainda e slòt prinsipal di e kadena,
Ainda ta na mi ènkel?
I na mi pòls?

Spiritual Eagle - 2021

Un Herida ku ta Bolbe Habri

Bo sa?
Dios a krea nos maraviosamente.
Kompleto.
Lo mi por skibi un buki tokante di esaki.
Pero awe mi ke papia di herida.

Un herida ku nos tin na nos kurpa pa
kualke motibu,
Den su proseso di sanashon,
Semper e ta haña un kaska protektor;
E kaska ei ta pa sushi no drenta i infektá e herida,
E kaska ei ta pa stroba ku di un òf otro manera e
herida ta sigui bludu.

Pero abo sa meskos ku ami sa,
Ku hopi biaha nos no ke warda te ora
e kaska seka i e mes kai,
Pero nos ta kokobiá kuné,
i kit'é promé ku su ora.
I até, ata e herida a habri atrobe.
Henter e proseso mester kuminsá di nobo.
Pero bo sa?

Tin tambe esnan ku di un forma òf otro,
Ta kita e kaska di nos heridanan ku tin
den nos kurason.
E herida ei bo no por mir'é, nò,
bo no por mira si e kaska,
Ya a seka, òf kita.
I ora e kaska ei keda kitá,
Hamas nos por mira kon e
herida ta sangra atrobe,
Hamas nos por mira e proseso
ku e mester pasa di nobo.
Ma nos por sinti si,
ku nos kurason ta sangrando!

Spiritual Eagle - 2021

Tempu – Oloshi

Tempu i oloshi, nan ta mi amigu?
Òf mi enemigu?

Mi ta kòrda kon ántes mi tabatin un kustumber
masha straño mes.
Mi tabata pone mi oloshi di man plùs
mi oloshi na kas, i den outo,
sigur un dies minüt mas tempran.
Esei ta pa yudá mi ta semper tempran, presis na
ora, òf asta promé ku ora.
Asina mi por ta 100% sigur di nunka yega lat.
Pero despues di tempu mi a bin realisá,
Ku ounke mi oloshi ta mas tempran,
Oloshinan otro kaminda i asta rònt mundu,
ta riba e mesun ora. No mas tempran ni mas lat.
I mi a disidí di stòp ku e kustumber ei.
E oloshi, e ta mi amigu òf mi enemigu?
Mi mester di dje...pues kisas e ta mi amigu.
Awor: Nos bida ta meskos ku e oloshi,
Meskos ku e weizernan, nan ta drai, di 12 pa 12
Mainta, mèrdia, atardi, anochi ...
I atrobe,
Mainta, mèrdia, atardi , anochi ...
24 ora pa dia
Wow, esta lihé oranan ta pasa no?
Tempu, ta mi enemigu òf mi amigu?
Ta dependé den ki periodo di
bo tempu bo ta mira esaki.
E por ta tur dos den bo sintimentunan.

Spiritual Eagle – 2021

Mi Wowonan
i Mi Mente ta Lantá

Ta un milager kon kada dia di nobo,
Mi wowonan ta habri,
Hasta promé ku mi wèker zona.

Ta un milager kon kada dia di nobo,
Mi mente ta tánkatan,
I mi por pensa i rasoná manera un hóben.

Ta un milager kon kada dia di nobo,
Mi por move kada parti di mi kurpa,
I lanta yen di energia for di mi kama.

Ta un milager kon kada dia di nobo,
Mi por kuminsá mi dia den presensia di mi Tata,
Ku a kuida mi henter anochi.

Ta un milager kon kada dia di nobo,
Mi por hasi mi tareanan diario,
Organisá i bon balansá.

Ta un milager kon kada dia di nobo,
Mi por pasa henter e dia i keda riba pia,
Te ora ku e solo bai sosegá.

Ta un milager kon kada dia di nobo,
Mi por drenta mi nèshi atrobe,
I spera riba e milager di un otro dia nobo.

Spiritual Eagle - 2021

Kana Riba Awa

Kana riba e awa?
Sí, mi por kana riba awa.
Ora áwaseru kaba di yobe,
I mi kurá ta yen di plas di awa.
Mi por kana riba awa.
Òf esei ta kana den e awa?

Kana riba awa?
Pedro tabata un hende,
Manera abo i ami;
I el a kana riba awa.
El a kana riba laman,
No djis un plas di awa.

Kana riba awa? Ta kon esei ta posibel?
Kana riba laman?Ta kon esei ta posibel?

Spiritual Eagle

Hesus ta kana riba awa

(Marko 6:45-52; Huan 6:15-21)

*Djis despues Hesus a manda su disipelnan drenta boto, krusa
lago promé kunÉ. E mes a keda pa E manda e multitut bai
kas. Despues ku El a manda e hendenan bai, El a bai resa
E so den seru. Ora anochi a sera, El a keda E so kantu di
laman. E boto a yega na un bon distansia for di tera kaba
i tabata pasa trabou pa bai dilanti, pasobra bientu tabata
kontrali. Durante e di kuater warda, Hesus a kana riba awa
bai serka e disipelnan. Ora nan a mira Hesus ta kana riba
awa, nan a drenta pániko i bisa: 'Ta spiritu!' i nan a grita di
miedu. Mesora Hesus a kuminsá papia ku nan i bisa: 'Keda
trankil, t'Ami, no tene miedu!' Awor Pedro a respondé:
'Señor, si ta Abo, laga mi kana riba awa bini serka Bo!' Hesus
a bis'é: 'Bini numa.' Pedro a sali for di e boto i a kana riba
awa bai serka Hesus. Ma ora el a sinti e bientu fuerte, el a
haña miedu i a kuminsá senk. El a grita: 'Señor, salba mi!'
Mesora Hesus a rèk man, koh'é tene i bis'é: 'Hende di poko
fe, pakiko bo a kuminsá duda?' Ora nan a drenta den e boto,
bientu a kalma. E disipelnan den e boto a hinka rudia p'E i
bisa: 'Enberdat, Abo ta Yu di Dios.'*

Hesus a kana riba awa pa e alkansá su disipelnan,
Hesus a kana riba awa komo un ehèmpel,
Hesus a kana riba e awa di soledat den seru,
Hesus a kana riba e awa di orashon,
Hesus a kana riba e awa di anochi skur,
Hesus a kana riba e awa ora e no
por a alkansá e boto na pia,
Hesus a kana riba e awa di pániko i di miedu,
Hesus a kana riba e awa di gritu i intrankilidat;
Hesus a mira e kurashi i e poko fe di Su disipel,

Hesus a enkurash'é pa e kana riba e awa,
Hesus a rèk Su man i koh'é tene,
Hesus a drenta den e boto, huntu ku e disipel...
Kana mi yu, kana...kana riba e awa,
Te ora bo pianan no ta tochi ni e
suela di laman mas,
Te ora bo yega serka bo Kreador,
ku ta kana riba e awa huntu ku bo.

Spiritual Eagle - Novèmber 2021

Dikon??

Dikon tin tantu maldat asina den mundu?
Dikon tin tantu malesa asina den mundu?
Dikon tin tantu guera asina den mundu?
Dikon tin tantu hamber asina den mundu?
Dikon tin tantu pobresa asina den mundu?
Dikon tin tantu inhustisia asina den mundu?
Dikon tin tantu krímen asina den mundu?
Dikon tin tantu desaster asina den mundu?
Dikon sierto orashonnan ta keda sin kontesta?
Dikon...?

Dikon tin, kontrali na esakinan,
Hopi bondat,
Hopi hende ku si ta saludabel,
Pas,
Sufisiente pa kome i bisti,
Hustisia,
Orashonnan ku si ta keda kontestá?

Bo sa, ami tampoko no tin tur e kontestanan.
Pero UN kos si mi sa: KU SEÑOR
TA SOBERANO!!
Punto!!

Spiritual Eagle - 2021

Mi ta Nabegando

Mi ta nabegando den mi barku di bela,
Mi no tin mashá eksperensia
kon ta dil ku e belanan,
ni tampoko ku e bientu,
ni tampoko ku e mal tempu,
I muchu ménos ku e olanan brutu di laman,
Un kos mi sa ku mi Kapitan ta e mihó Kapitan.

Mi ta nabegando den mi barku di bela,
Hopi ta para wak mi djaleu kantu di kosta,
Hopi ta enkurashá mi, miéntras
ku e otronan ta ketu,
Un kos mi sa ku mi Kapitan ta e mihó Kapitan.

Ta parse ku tempestat i
bientunan fuerte a bai sosegá,
Tin solo pero tin hopi nubia tambe,
Tin nubia blanku i tin nubia shinishi,
Solo ta saka su kara un ratu pa bolbe disparsé.
Un kos mi sa ku mi Kapitan ta e mihó Kapitan.
I ku mi bista ta fihá riba e toren di lus,
Pa mi no nabegá dal den baranka.

Mi ta nabegando den mi barku di bela,
Ora mi wak abou e olanan ta basta trankil,
Ora mi wak ariba e nubianan tin tur sorto di forma,
I mi ta purba di saka afó kiko nan ke bisa mi.
Un kos mi sa, mi ta hala rosea, mi ta bon di salú,
mi tin forsa pa sigui nabegá,
Pasobra mi Kapitan ta e mihó Kapitan.

Spiritual Eagle - 2021

Nos ta Stim'É Pasobra El a Stima Nos Promé

1 Huan 4:19

Mundu ta buska amor
E ser humano mester stima i ser stimá,
Pero nos ta buska amor den e lugánan robes.
Nos ta buska amor di un mayor,
Nos ta buska amor di un yu,
Nos ta buska amor di un esposo/a,
Nos ta buska amor di un amigu/a,
Pero nos mayornan ta bira grandi i ta fayesé,
Nos yunan ta krese i biba nan mes bida,
Nos esposo/a ta muchu kansá òf muchu drùk,
Nos amigu/a nan ta superfisial i egoista.
Ken berdaderamente por komprendé
e nesesidat di un kurason humano?
Ken berdaderamente por por yena
e nesesidat di nos kurason?
Unda nos por haña amor?
Amor por ser hañá den e kurason di Dios.

Spiritual Eagle - 2021

Mi Tin Derechi?

Mi tin derechi?
Si, pero tambe mi tin responsabilidat.
Derechi sin responsabilidat, ta bira tirania.
Komo siudadano nos tin derechi, i responsabilidat.
Derechinan ku nos tin, ta ser protehé pa nos leinan.
Miéntras ku responsabilidatnan ku nos tin, ta
debernan òf kosnan ku nos mester hasi.
Pa mi ta un bon siudadano òf miembro di un
komunidat
Mi mester komprendé mi derechinan,
pero tambe mi responsabilidatnan

Ehèmpelnan di mi derechinan:
Derechi di biba, Derechi di igualdat,
Derechi di protekshon di igualdat,
Derechi igual di benefishinan di lei,
Derechi di dignidat humano,
Derechi di libertat i seguridat,
Derechi di protekshon kontra sklabitut,
Derechi di protekshon kontra labor fòrsá,
Derechi di konsenshi,
Derechi di religion, Derechi di fe i opinion,
Derechi di libertat di ekspreshon.

Pero mi tin responsabilidat:

Responsabilidat di biba i laga biba,
Responsabilidat di trata tur hende igual,
Responsabilidat di protehé igualdat,
Responsabilidat pa laga otronan benefisiá di lei,
Responsabilidat di demostrá
dignidat na e ser humano,
Responsabilidat di duna e otro libertat i siguridat,
Responsabilidat di protekshon kontra sklabitut,
Responsabilidat di protehá mi
próhimo kontra labor fòrsá,
Responsabilidat di skucha mi konsenshi,
Responsabilidat di biba pa Dios i sigun Su plan,
Responsabilidat di kompartí mi fe ku
rèspèt pa e otro su opinion,
Responsabilidat di ekspresá mi mes
ku libertat sin fingi,

Spiritual Eagle temporada di Covid 2020-2021

Miedu, Temor, Duda

Duda ta drenta,
Di mi wowonan,
Di mi oreanan,
Di mi sintimentunan.

Duda ta okashoná miedu,
Miedu ta okashoná mas duda.
I si mi no atendé ku e duda,
E miedu ta sigui,
I krese bira mas miedu,
I bira hasta temor!
Kiko ta duná mi miedu, temor i duda?
Falta di informashon,
Informashon pa medio di skucha,
Informashon pa medio di lesa,
Mi mester informá mi mes.
Falta di informashon ta duná mi...
MIEDU, TEMOR i DUDA...

Spiritual Eagle - 2021

Fòrti Bieu, Kañon nobo

Haltu riba e seru,
Si, ei riba mi a traha mi fòrti,
Ya pa hopi tempu kaba.
Mi fòrti tin basta aña. Si.
Desde e altura di e seru, djei mi ta
ataká boso, mi enemigunan.
Djaleu mi por mira ora boso ta aserká.
I si ami no ta alerta mes, mi tin mi
guardiannan riba e murayanan,
Ku konstantemente ta vigilá.
Boso enemigunan, boso ta kere ku boso
lo por kibra e porta di e fòrti pa drenta?
Òf kisas boso ta kere ku boso lo por
subi gatia riba e murayanan bin paden?
Ai nò, boso no por, lubidá!
Pasobra boso ta mira ku boso
wowonan ku ta nublá,
Siegá pa e nubianan ku ta tapa mi fòrti.
Boso ta kere ku mi fòrti ta suak?
Kere numa ku mi fòrti ta suak.
I ku boso ta mas fuerte ku mi.
Nòòò, boso ta kibuká.
Djis tira un bista riba e murayanan,
kon sólido i bon nan ta trahá.
A ni di papia mes di e fundeshi,
ku ta bai te den profundidat
aya riba e baranka.

Imposibel pa boso vense esakinan.
Anto huntu ku eseinan,
No lubidá, ku mi tin mi kañon nan,
kañon nan nobo nobo,
Ku nan balanan nunka lo faya.
Anto komo si fuera ta poko,
Rondó di mi fòrti tin un riu di awa bibu ta kore,
i ni ku kabai ni ku garoshi, ni ku arma,
Boso lo por pasa den e riu ei yega serka.

Spiritual Eagle - 2021

Elekshon

Tempunan trabahoso!
Elekshon!
Konfundí!?
Vota pa ken?
Pa ken si?
Pa ken nò?
Mi yunan...
Mi nietunan...
Nos mes futuro komo ansiano...
Oh GOD !! Help !!

Spiritual Eagle - 2021

Dios Ta Yora

Bo a yega di mira Dios yora?
Bo a yega di sinti Dios yora?
Bo a yega di tende Dios yora?

DIOS? YORA??

Wèl, ami si...
Riba e dia aki mi a mira, sinti i tende Dios yora.

Spiritual Eagle - 2021

Wak mi den mi Kara

Wak mi den mi kara,
Ora bo topa mi.
Wak mi den mi kara,
Ora mi kuminda bo.
Wak mi den mi kara,
Ora mi ta papia ku bo.
Wak mi den mi kara!

Mihó ainda,
Wak mi den mi wowonan!

Spiritual Eagle - 2021

Nostalgia

Esta un deseo sentimental,
Esta un deseo profundo,
Esta un afekshon pa pasado,
Esta un nostalgia pa e periodo aya...
Esta un nostalgia pa e tempu aya...
Esta un sintimentu tristu,
Pasobra ku nostalgia,
Nada di esakinan no por bini bèk.
Nunka mas!

Spiritual Eagle - 2021

E Poder di Skirbi

Bo tabata sa ku tin poder den skirbimentu?

Awendia skirbimentu a bira algu
kompletamente diferente for di ántes.
Skirbimentu a evolushoná a traves
di diferente sivilisashon,
Den diferente forma.

Pa motibu di skirbimentu,
Nos por siña hopi kon skirbimentu mes
a bin na eksistensia,
I a kuminsá a traves di siglonan.

Bo a yega di para ketu na esei?

Skirbimentu no a kuminsá ku lèter manera nos
konosé, skrudiñá pa bo sa i siña.

Skirbimentu ta algu hopi profundo;
Mas ku e lesadó,
E eskritor mes ta siña un monton di kos.
Un mundu kompleto ta habri ku skirbimentu,
Tantu pa e eskritor,
Komo pa e lektor.

Wowonan ta habri, oreanan ta habri,
nanishi ta bira mas skèrpi,
Kurasonnan ta kuminsá bati mas duru,
emoshonnan skondí ta sali,
Preguntanan ta haña kontesta.
Sabiduria...Konosementu...Un monton di kos!
Tin poder den skirbimentu!
Kisas abo tambe lo ke skirbi? Kuminsá no...

Spiritual Eagle - 2022

Skirbi

Djis kohe un pida papel i un pèn òf pòtlot
I skirbi...

Skirbi
No riba kòmpiuter...

Pero usa bo dedenan
Bo man
Bo sintí
I bo kurason...

I skirbi!!

Spirituial Eagle - 2022

No Pèrdè Speransa

Bo tabata sa ku haña un diploma na
edat di 25 aña,
ta un logro?

Bo tabata sa ku si bo no ta kasá
na edat di 30 aña,
ainda bo por ta felis i bunita
òf ku bon tipo?

Bo tabata sa ku kuminsá un famia
despues ku ya bo tin 35 aña di edat,
ainda ta posibel?

Bo tabata sa ku kumpra un kas òf un tereno
despues ku bo a kumpli 40,
ainda ta tremendo?

Bo tabata sa ku bo oloshi ta kana diferente
for di esun di e otro persona?
Ku ketu bai ta purba di keda wak riba BO oloshi,
En bes di e wak kon esun di DJE ta move?

Spiritual Eagle - 2022

Mi ta Outéntiko

Mi ta outéntiko, mi ta real, mi ta genuino,
mi no ta un kopia, mi ta berdadero,
mi no ta un imitashon,
mi ta berdadero na mi propio personalidat,
mi ta berdadero na mi propio spiritu,
mi ta berdadero na étika i balornan,
mi ta berdadero na mi propio karakter,
mi no ta aktua kontra di mi propio naturalesa,
mi ta sinsero, mi ta sin pretenshon,
mi ta honesto ku mi mes,
mi no tin un máskara bisti,
mi no ta bisa algu ku mi no ta men,
djis pa mi keda aseptá pa hendenan rondó di mi,
mi no ta hunga ròl pa fet den malchi di otro,
mi no ta hunga komedia pa agradá hende,
mi no ta preokupá si mi keda aseptá pa
otronan òf nò, mi no ta bisa hende solamente e
loke ku e ke tende, mi ta honesto ku mi mes,
mi ta honesto ku otro hende,
i ta tuma responsabilidat pa mi erornan,
mi ta berdadero na loke mi ta kere ku ta korekto,
i ta bai kontra di e koriente tin biaha, mi no ta
preokupá ku loke mi a bisa òf keda sin bisa,
mi ta konfiabel, mi ta respetuoso, mi no ta
tambaliá pa hasi lo korekto, mi balornan,
idealnan i akshonnan ta bon aliniá.
Mi ta digno di aseptashon,
e aseptashon ei a ser konfirmá
i ta basá riba echonan.

Bo sa dikon?
Pasobra ora mi no ta outéntiko
esei ta kansa mi inmensamente i ta
mantené mi leu di alkanse di mi
berdadero potensial.
E kontrali di esaki ta di biba
i traha outéntikamente.
Mi ta duna mi mes e pèrmit pa biba
liber di idea i ekspektativanan di otro persona.
Mi por skohe mi mes kurso di bida,
mi por biba mi bida di akuerdo ku
mi mes balornan i metanan,
i no di akuerdo ku esnan di otro hende,
mi ta ferwagt rèspèt di otronan pa
motibu ku mi ta para pa mi balornan
i pa e loke mi ta kere den,
mi no ta preokupá ku pa e motibu
ei lo mi pèrdè oportunidatnan.
Pasobra mi sa ku den un término mas largu,
esaki lo habri aun mas oportunidat.
Ta p'esei mi ta nenga di basilá, di ta konfliktivo,
i no outéntiko.
Mi ta outéntiko!
I mi ta gosa di biba outéntikamente!

Spiritual Eagle – 2022

Lo mi Karga Fruta ku ta Keda

Salmo 92: 14; Lukas 3:8; Huan 15:16

Lo mi karga fruta ku ta keda...
Mi ta orguyoso si mi ta ambishoná p'esei?

Nòòò!
Pasobra esei ta Dios Su boluntat pa mi.

Mi sa ku den práktika,
Ora mi ta fèrwagt un palu ku mi a planta,
I su tempu di floria i duna fruta a yega,
Lo mi keda hopi desepshoná,
Si mi mira tur e flornan kita kai,
I e fruta, si e sali mes, ta seku, duru, pashimá.
Loke lo mi ke hasi ta kap e palu ei tira afó,
Kisas lo mi no tin ni e pasenshi pa plug e tera,
Òf pa snui e palu ei...

Pero lo mi keda hopi agradesido i kontentu,
Si e fruta ta bon, bon hechu, i ku un dushi smak,
I ku simia ku mi por planta pa sigui gosa di mas
fruta.

Kuantu mas kontentu mi Señor ku a plantá mi lo ta,
Ora ami karga fruta ku ta keda?

Spiritual Eagle - 2022

E Seru

Ta ken no ta gusta e reto di subi un seru?
Ta parse manera hende a ser kreá ku e afan, e
deseo di kumpli ku e reto ei.

Pa difísil ku ta pa subi un seru,
Pa peliger ku lo por tin na kaminda,
Pa kansá ku lo bo por keda,
Subi seru ta tremendo.
Pakiko?
Pasobra den bo ser
Tin algu ku ta pushá bo pa logra...
Tin algu den bo ku ta pushá bo pa purba...
Tin algu den bo ku ta pushá bo pa no tene miedu ...
Tin algu den bo ku ta pushá
bo pa bai e èkstra mia...
Tin algu den bo ku ta pusha bo pa bai mas haltu...
Tin algu den bo ku ta bisa berdaderamente por bo
...BO POR!

Bo sa ku ora bo yega na punta di e seru, bo ta
lubidá tur traba ku bo a pasa aden?
Lo bo por tin un bunita bista djaleu...
Lo bo mira kosnan ku nunka bo a yega di mira si bo
no a subi e seru...

Lo bo tende zonidonan ku nunka bo a
yega di tende si bo no a subi e seru...
Lo bo ta grandi te ariba ayá, i tur kos
rondó di bo ta asina chikitu...
Lo bo por mira e streanan mas serka di bo,
kasi pa mishi ku nan...
Lo bo sinti e dushi bientu i
brisa di un otro forma...

No tene miedu pero subi e seru!
I si bo a subié un biaha kaba?
Bolbe subié atrobe,
semper lo tin algu nobo...
Un kos si,
nunka wak patras miéntras
bo ta subi seru!

Spiritual Eagle – 2022

Tribulashon

Kisas si no ta pa tribulashon, lo mi no por
komprendé,
Ku algun di mi karakterístikanan nunka lo keda
deskubrí sin tribulashon.

Kisas si no ta pa tribulashon, lo mi no por
komprendé,
Ku mi fe ta mesun grandi ora tin solo,
pero tambe spesialmente ora tin áwaseru.

Kisas si no ta pa tribulashon,
lo mi no por komprendé,
Ku mi amor lo bria manera un bichi'
kandela ku bo no ta mira mes den dia,
Pero ta bria mas fuerte ora e ta den skuridat.

Kisas si no ta pa tribulashon,
lo mi no por komprendé
Ku mi speransa lo ta mas manera un
strea ku bo no por mira den dia,
Pero bo por mir'é klá i briante den
e anochi di atversidat.

Kisas si no ta pa tribulashon,
lo mi no por komprendé,
Ku aflikshon ta Dios su forma di
desplegá piedranan presioso,
Den prendanan ku E mes ta krea.

Kisas si no ta pa tribulashon,
lo mi no por komprendé,
Kontesta di mi orashon:
'Señor duna mi mas fe.'

Kisas si no ta pa tribulashon,
lo mi no por komprendé,
Ku Señor ku Su rason ta kita mi kòmfòrt i
privilegionan pa hasi di mi un mihó Kristian.

Kisas si no ta pa tribulashon,
lo mi no por komprendé,
Ku Señor, Abo ta trein bo sòldánan,
pa no drumí den tènt di komodidat i luho,
Ma ta pone nan marcha fòrsá i ku esfuerso pisá.

Kisas si no ta pa tribulashon,
lo mi no por komprendé,
Ku Bo ta pone mi kana pasa
den korientenan di awa,
I landa pasa den riu, subi serunan haltu,
kana bastante kilometer,
Ku mochila i tristesa kargá riba mi lomba.

Kisas si no ta pa tribulashon,
lo mi no por komprendé,
Ku tribulashon ta duna bida nobo na mi orashon,
Ku tribulashon ta trese mi na Bo pianan,
Pone mi na rudia Bo dilanti pa mi keda einan.

Spiritual Eagle - 2022

Angustia i Temor

Pakiko mi mester tin angustia?
Pakiko mi mester tin temor?
Pakiko mi mester tin miedu?
Mi alma, trankilisá bo den bo Dios,
Mi alma, sosegá den bo Dios,
Mi alma no teme, bo Dios tei.

Angustia i temor pa pèrdè kiko?
Angustia i temor pa pèrdè algu,
Ku mi no ke pèrdè.
Mi alma, trankilisá bo den bo Dios,
Mi alma, sosegá den bo Dios,
Mi alma no teme, bo Dios tei.
Mi alma tene solamente temor pa Dios.

Angustia i temor,
Pa pèrdè e Presensia di Dios den mi bida.
Esei mester ta mi afan.
Esei lo ta muestra di unda realmente mi alma ta.

Spiritual Eagle – 2022

Siña di e Palu Grandi ku bo Tin den bo Kurá

Sea manera un palu,
Bon ankrá den tera.
Sea manera un palu,
Bon konektá ku su raisnan.
Sea manera un palu,
Laga e blachi bieunan kai.
Sea manera un palu,
Saka blachi nobo.
Sea manera un palu,
Plantá pa basta aña.
Sea manera un palu,
Soportá e bientunan fuerte.
Sea manera un palu,
Doblá si, pero no kibrá.
Sea manera un palu,
Gosa di bo naturalesa i bunitesa úniko.
Sea manera un palu,
Sigui krese!

Spiritual Eagle – 2020

Mi Héroenan

Tur hende ku hasi algu spesial
pa mi ta un héroe pa mi.
Hasta ora niun otro hende ta ripará.

Héroenan ta hendenan komun
i koriente ku ta hasi kosnan spesial.
I hopi biaha no ta ni haña atenshon pa esaki.

Tin biaha nos mes mester ta héroe
pa esnan ku nos ta stima.
Pero ke hubo si nos ta un héroe
pa esnan ku no ta stima nos,
Òf ku nos mes no tin mashá afinidat pa nan?

Esaki un biaha mas ta laga mi realisá ku nos tin
mester di héroenan riba mundu.
Esaki un biaha mas ta laga mi realisá ku nos tin
mester di héroenan den bida.
Esaki un biaha mas ta laga mi realisá ku nos mes
mester ta héroenan riba mundu i den bida.

Spiritual Eagle – 2021

(durante temporada di COVID-dediká na nos 'front liners' no solamente den kuido médiko, pero tur otro departamento, p.e. Polis, Brantwer, Marina, rekohedónan di sushi, restorant, supermerkado, transporte públiko, etc.)

Un Kristian

Ta aseptá Hesus pa e haña salbashon,
Ta haña deseo pa sirbi Hesus só,
Ta kla pa kumpli ku obranan di Dios,
Ta kla pa keda dòrná ku karakter di Dios,
Ta prepará pa e Reino di Dios.

Spiritual Eagle – 2022

E Zòneblum, E Girasol

Meskos ku e girasol ta
duna gran kantidat di simia,
Ku ta parse drùpelnan di awa,
Asina nos tambe mester duna
gran kantidat di simia di Evangelio,
Ku lo ta manera drùpelnan di
awa pa esnan ku ta risibié.

Meskos ku e girasol ta floria
i produsí míles di simia,
Asina nos tambe mester floresé,
i produsí abundansia di simia.

Unda ku nos ta plantá,
E multiplikashon akí lo produsí un
bunita kosecha di kreyentenan,
Pa e Reino di Dios i pa Su Gloria.

Meskos ku e zòneblum ta bira
den direkshon di e solo,
Asina tambe nos mester bira nos
mes pa Hesus, e Lus di mundu,
Pa nos por produsí flor i simia,
Meskos ku e girasol.

Spiritual Eagle – 2022
Guera Oekrania

Bo ta mi Pastor

Bo ta mi Pastor,
Bo ta pasa oranan largu tur siman ta
prepará un mensahe pa mi.
Bo ta fiel tur siman, asta si bida ta pisá pa bo.
Bo ta mi Pastor,
Bo a konta mi di un Salbador ku
Su Nòmber ta Hesus.
Mi a asept'é, i mi bida a kambia pa semper.
Bo ta mi Pastor,
Mi tabata yama bo na telefòn
kada biaha ku mi tabatin un lucha.
I nunka bo a nenga di yuda mi òf skucha mi.
Bo ta mi Pastor,
Bo tabat'ei semper pa mi ku konseho pa mi
matrimonio, mi hogar, mi famia.
Mi mester ta agradesido pa esei.
Bo ta mi Pastor,
Mi a pidi bo tantu biaha hasi orashon pa mi,
i bo a kumpli.
Mi no por imaginá mi kon largu bo lista ku
puntonan di orashon lo ta.
Bo ta mi Pastor,
Tabatin momentonan ku mi a kritiká
bo sin ku bo a meresé.
Mi ta realisá kuantu krítika bo ta risibí durante bo
ministerio, sin ku bo ta meresé esei.
Bo ta mi Pastor,
Mi a mira oranan ku bo a invertí den bida di hende.
I tòg nan a bandoná bo tou pasobra segun nan,
bo no tabata alimentá nan.

Bo ta mi Pastor,
Regularmente mi ta mira e
kansansio riba bo kara.
Bo ta purba yena kada nesesidat
di bo mes famia plùs esun di iglesia.
Bo ta mi Pastor,
Tabatin momentonan ku bo a
prediká na entiero.
I mi por a mira e lágrimanan ku
bo tabata purba di skonde i a
tende e kibrá den bo bos,
miéntras bo tabata ministrá na e famia.
Bo ta mi Pastor,
Mi ta asombrá kuantu bo ta stima
miembronan di iglesia.
Bo ta hari ku e mucha, i bo tin
un brasa pa e ansiano sin pensa dos biaha.
Bo ta mi Pastor,
Mi sa ku bo ta alkansá hasta
esnan ku no ta den iglesia.
Bo ta stima e hende pafó di
murayanan di iglesia tambe.
Bo ta mi Pastor,
Bo por a skohe algu otro pa hasi,
ku entrada mas haltu
i ménos ora di trabou.
Pero bo a disidí di obedesé
bo yamada en bes di aseptá un otro trabou.
Bo ta mi Pastor,
Masha poko biaha mi ta bisa
bo danki òf bisa bo kuantu mi ta apresiá bo.
Pero mi ta apresiá bo,
di bèrdat mi ta stima bo i honra bo.

Di kurason!
Bo ta mi Pastor,
meskos ku bo ta tambe pastor
di e otro karnénan.
I mi ta yama Señor, e Gran Pastor,
danki ku bo ta mi Pastor!

Spiritual Eagle - 2022

Bo a Traha mi di un Manera Asombroso, un Milager

B'a traha mi di un manera asombroso, un milager.
Salmo 139

Mi por solamente imaginá e pensamentunan
konsentrá ku tabata okupá e mente
Divino i e toke gentil,
maestral i ábil di e mannan
Divino ku den prinsipio a
forma e hende for di tera.
Unda mi Kreador a kuminsá?
El a kuminsá kisas ku e erante di mi skelèt?
El a kubri esaki despues ku un kapa di kueru,
ku niun pida no ta mas diki ku 3/16 di un inch,
ku ta yen di punta di nèrvio, pa asina permití mi
sinti e mundu eksterior, i ku ta práktikamente
waterpruf?
Despues den e kueru ku El a pasa riba mi skelèt,
El a pone e kurason, ku ta pòmp 72 biaha pa
minüt, kuarenta mion biaha pa aña?
Ki ora El a kologá e pulmonnan den nan
kompartimentu seyá, ya asina e riunan di sanger
nesesario pa mi biba, por depositá e karbon
dióksido i rekohé oksígeno pa karga esaki hiba na
kada un di e mas ku 26 bion sèl den mi kurpa?
Ki ora El a pone e sesunan den mi kráneo ku e

wesu duru ei i a program'é pa manda
mensahenan ku ta rekurí mas lihé ku tres
shen mia pa ora, pasa den e sistema
nèrvioso pa sigui bai den henter mi kurpa?
Ki ora, kon...
Nò,
Tantu konosementu ta surpasá mi,
ta muchu haltu pa mi logra kapt'é.
Di bèrdat Abo O mi Dios i Kreador ta asombroso!

Spiritual Eagle

Miedu

Miedu pa loke no ta konosí ainda,
Miedu asina grandi, miedu asina profundo,
miedu pa loke mi no por deskribí.

Miedu asina grandi, ku tòg mi ta pon'é un banda,
Miedu asina profundo, ku tòg mi ta pospon'é,
Miedu pa loke mi no por deskribí,
ku tòg mi ta ignor'é.

Miedu pero...
Mi ta adaptá mi mes,
Mi ta enfoká spesialmente,
Riba nesesidatnan di mi próhimo.

Miedu pero...
Tòg tin un chispa di speransa,
Ku algun dia ku ounke,
Kon grandi,
Kon profundo,
Kon indeskriptibel...

Algun dia,
Un dia riba un aña,
Kualke dia,
E miedu ta bai kambia,
I bira tal manera,
Mi mas profundo deseo ta.

Spiritual Eagle – 2024

Kòrda
Semper Selebrá Bida

Kada dia ku bo spièrta,
Kada dia ku bo realisá,
Ku bo ta hala rosea,
Ku bo kurason ta bati,
Ku bo por move bo mannan i bo pianan,
Ku bo por lanta for di bo kama,
Ku bo por habri bo wowonan i mira,
Ku bo oreanan ta tende perfektamente,
Selebrá Bida!

Kada dia ku bo lanta,
Bo ta realisá,
Ku bo ta un dia mas serka di e dia,
Ku bo mester entregá bo rosea,
Bèk na bo Kreador.
Selebrá Bida!

Kon nos ta yama esei? Muri? Bai sosegá?
Selebrá Bida!

Bo sa dikon?
Pasobra morto no ta e fin.
Bo sa dikon?
Pasobra Bo Kreador a bini,
Pa duna bo Bida!
Selebrá Bida!

Spiritual Eagle – 2023

Tene Kuenta
ku E Dios ku a Krea Bo

Predikador 12

I tene kuenta ku e Dios ku a krea bo, awor ku bo ta yòn.
Un dia dianan i añanan malu ta bini ku lo bo bisa: 'Mi no
por gosa mas di bida.' Tene kuenta ku Dios promé ku solo
bira skur, lna i streanan bira skars di lus i nubianan trese
áwaseru. Ora esunnan ku ta tene warda na bo kas para
tembla i hendenan balente kana lomba doblá, ora esunnan
ku ta mula hariña stòp pasobra nan ta poko, i esunnan ku ta
wak dor di bentana mira skur; ora e portanan ku ta habri pa
kaya ta será i zonido di mulina baha, kaba na nada;
ora hende spièrta ku zonido di paranan, anto tur stèm muri
bai; ora hende tin miedu di altura i di peliger riba kaya; ora
palu di almendra floria i dalakochi lastra bai i deseo no lanta
mas. E ora ei hende ta bai sosegá pa semper i den kaya nan
ta yora morto. Tene kuenta ku Dios ku a krea bo, awor ku
ainda e kordon di plata no a kibra i e wea di oro no a kai
kibra na pida pida; awor ku e zjar na boka di pos no a kibra
ainda ni e katròl di e pos no a kibra. Bo kurpa ta kaba bira
stòf, bai bèk den e tera for di kual el a sali; i bo rosea di bida
ta bai bèk serka Dios, ku a duna bo e.

Mi ta tene kuenta ku mi wowonan lo bira débil;
Mi ta tene kuenta ku mi brasa i pianan no tin forsa
mas pa wanta mi;
Mi ta tene kuenta ku mi wesunan ta bira frágil;
Mi ta tene kuenta ku ya mi no
por tene mi kurpa stret mas;
Mi ta tene kuenta ku mi djentenan
ta bira suak i ta bira ménos;
Mi ta tene kuenta ku mi oidonan
no ta funshoná dje bon ei mas;
Mi ta tene kuenta ku miedu pa altura
i peliger riba kaya ta bira masha komun;
Mi ta tene kuenta ku deseo pa kosnan
normal di plaser ta hala kita leu aya bai.
Pero:
E kordon di plata ainda no a kibra
si i e wea di oro no a kai
kibra na pida pida ainda;
Ademas e zjar na boka di
pos tampoko no a laga bai
ainda i e kontrol di e pos ainda ta hinté.
Pues, ainda tin un drumi
lanta...Te mañan ku Dios ke.

Spiritual Eagle - 2025

Chuchubi,
mi Dushi Amigu Chuchubi

Mi kompaño tur dia, den kibrá di mainta.
Pero solamente sierto lunanan di aña.
Ai bo ta mi dushi Chuchubi,
Ounke bo kansion no tabata bisa mi mashá,
ma simplemente mi tabata gosa di esaki
I hasi mi mes e pregunta: Ta kiko bo ke bisa mi?
Bo zonidonan, bo kanto, bo yamada,
tin biaha mi tabata haña ku bo ta grita si,
Bo por asta laga bo stèm trel i bo tin
asina tantu otro zonido ku ami hende,
no por deskribí.
Pero bo sa mi dushi Chuchubi, sabínan a siña mi
hopi kos di bo ku mi no tabata sa.
Nan a siña mi ku:
Bo kansion tin masha hopi nifikashon,
no pa ami direktamente,
pero pa bo kompañeronan den naturalesa.
Bo ta usa bo kansion i bo notanan,
huntu ku bo komportashon, pa komuniká ku bo
kompañeronan i otro paranan.
Bo ta usa bo zonido i akshonnan,
pa spanta otro para enemigu,
i tambe pa avisá peliger na otro paranan tambe.
Ai mi dushi chuchubi,
tambe e sabínan a siña mi ku:
Bo ta usa bo kansion pa atraé bo pareha,
ma tambe pa defendé bo teritorio.

I pa defendé bo nèshi i webunan.
Ai mi dushi chuchubi, awor mi sa ku bo kansion i
flùitmentu ta bai muchu mas ayá ku djis un zonido,
ku ta karisiá mi oreanan den kibrá di mainta.
Bo Kreador a duna bo distinshon entre bo
kansionnan i yamadanan.
Nan tin diferente largura i tambe konteksto.
E diferensia entre e flùitmentu,
i kantamentu ta asombroso.
Bo kanto ta spesial pa teritorio,
freimentu, union ku bo pareha.
Yamadanan ta mas bien alarma,
pero tambe pa tene esnan den tou di para den
kontakto ku otro. I tambe pa
anunsiá unda tin kuminda!
Ai mi dushi chuchubi,
asta ora bo no ta sinti dje bon ei di salú,
bo ta ekspresá esei den bo kansion.
Ai mi dushi chuchubi, pero ora bo ta rebosá di
energia i alegria, bo sa bon kon pa ekspresá esei!
Ai mi dushi chuchubi, ora bo ta propagandá bo
teritorio, bo ta hopi kuidadoso, pasobra ta esei ta
pone ku e damitanan lo skohe bo,
a base di bo kanto i bo repertorio.
Ai mi dushi chuchubi, ora ta trata di defendé bo
teritorio siii, bo sa, mi tin un tiki problema ku esei.
Pasobra mi dushi chuchubi, den bo interakshon ku
otro paranan, bo ta negoshá siii,
ma ratu ratu bo por destruí nèshi di otro para.
Pa abo traha di bo...???
Anto loke ta mas balente ainda,
bo ta traha bo nèshi di sumpiña! Bo ke bisa mi ku
ta asina bo ta evitá ku otro para ta yega serka?

Bo por diserní kalidat di e kanto di bo rivalnan
tòg? Pakiko bo no ta evitá un pleitu òf pelea asina
energétiko anto? Bo sa tambe tòg ku ora nan usa
e mes un kansion ku bo, esei por ta siñal ku nan ta
bo rival i ku nan por bira agresivo.
Bo tin tantu arma ku bo por usa:
Moveshonnan por ehèmpel,
ku asta otro tipo di para por komprendé i desifrá;
anto no solamente para,
pero otro animal tambe.
Ta abo ta shon chuchubi,
ku por hasi yamada pa para kla pa guera,
i reklutá kompañeronan pa yuda den esaki.
Loke mi ta gusta hopi di loke
e sabínan a siña mi ta:
Bo por fásilmente lokalisá kuminda,
bo nèshi, webunan den e nèshi,
i chuchubinan chikitin ku bo a brui huntu ku bo
kasá. Abo mi dushi chuchubi tata,
ora bo flùit òf grita pareu ku bo kasá,
boso bos ta zona manera un solo bos! Rèspèt!

Ai mi dushi Chuchubi, esta
hopi kos nos por siña di bo.
Te otro aña ku Dios ke ora abo
òf bo yunan aparesé den mi
kurá buskando pa traha nèshi atrobe.
Pero...
No trah'é kaminda bo takinan
di sumpiña ta kai si, bon?
Pa mi no trapa den bo sumpiñanan si,
pasobra ami no ta bo enemigu!

Spiritual Eagle - 2025

Handcraft Of God the Father

2 Corinthians 5:17+21
Therefore, if anyone is in Christ, the new creation has come:
The old has gone, the new is here. God made him who had
no sin to be sin for us, so that in him we might become the
righteousness of God.

Fearfully and wonderfully He created me,
A new Creation He made of me,
Through Jesus Christ the only Begotten Son,
Here on earth I may know that the
battle has been won,
Enduring all temptations here on earth,
Remembering always He is my Father in
Heaven and here on earth.

Spiritual Eagle – 1989

One Thing I Desire

One thing that I desire,
yes only that one thing,
Is to be with the Lord,
is to always be with the Lord,
When I sleep, When I wake up,
When I go...

With the Lord, In the Lord, Covered by the Lord,
In the Father, through the Son,
Glory! Double protection!

And what about that part, The Lord in me?
Greater, yes greater is HE, Who lives IN ME,
Than he that lives in the world.

With the Lord, I feel safe and secure.
With the Lord, I feel untouchable.
With the Lord, I feel unsinkable.
With the Lord, I feel (I am) a winner!

Spiritual Eagle – 1989

Your Word, Lord

Your Word, Lord,
It's only Your Word, Oh Lord,
It is only Your Word,
That gives me the right chord.

When I am confused,
When even Christians make me refuse,
That which may seem to accuse,
Your Word is what is never reduced.

When my song of victory is silenced,
When in the dark my light is dimmed,
Your Word is what is brightened,
And makes my song, my victory, undivided.

Your Word, Lord,
It's only Your Word, Oh Lord,
It is only Your Word,
It is, and will always be Your Word
That gives me the right chord!

Spiritual Eagle - 1989

Walking Along the Sidewalks of Life

There may be times when we move,
In our daily walk with Christ,
We need to take, instead of the paved road,
A sidewalk.
And if it has been quite some time ago,
The beginning might seem oh so difficult...

The sun, the dragging cars,
The dust, the noise,
The sweat in your eyebrows,
And also, just the unaccustomed way of moving.

Steps need to be adjusted,
Respiration and pace need to be synchronized.

And then...Suddenly...
It again seems like you've been doing this for quite
some time.

Easy steps and easy pace,
And before you know it,
You notice... Flowers...Shade...Birds...Even fruit
hanging over the fences...
Striding along with you.

And before you know it...
You reach your destiny.

Spiritual Eagle

The Eagle

When a female Eagle gets her mate,
She picks up a twig,
Flies high on a tree and drops the twig.

Male Eagle picks it up,
Then she picks up a bigger twig,
Goes higher on a hill and drops the twig again.

Male eagle picks it up again,
Then she knows he is able to catch her,
If anything happens to her.

Spiritual Eagle – 2020

His Presence

When He is not present,
I hunger for Him to come quickly!
When I know He is on His way,
My heart wells up like the waves of the sea!
When He is here,
I do not want Him to leave!
When He is about to leave,
I become Oh so sad!
When He speaks,
I cannot help but listen deeply!
When I read what He wrote to me,
I cannot but read on and on.
Oh, my Beloved is mine,
And I am His!
Oh Jesus, Son,
Oh God, Father,
Oh Spirit!
Three in One!
How deep have YOU touched me,
With Your everlasting LOVE.

Spiritual Eagle - 2001

My Whole Being

My whole being,
Spirit, soul and body,

Yearns for Your breath,
Yearns for Your words,
Yearns for Your looks,
Yearns for Your touch,
Yearns for Your embrace,
Yearns for Your kiss,
Yearns for Your Presence.

My whole being,
Spirit, soul and body,
Aches to receive all that You are,
And all that You have.

Oh, my Beloved, Jesus,
Never, never, never leave me!

Spiritual Eagle - 2001

My Sinful Flesh

From the moment I wake up in the morning,
Or even if it is earlier than morning,
My sinful flesh pulls at me to deny You, Lord.
When Your Spirit tugs at me to seek Your face in
prayer,
My sinful flesh tells me: 'it's too early.'
And 'it can wait till later.'
When I kneel down to pray,
My sinful flesh pulls away my mind and my soul,
Into avenues of unworthy thoughts.
When I realize how far I have drifted,
Fight it all back and overcome,
My sinful flesh succeeds in
making me wander off again.
Once I receive the strength and my flesh submits,
Then the struggle in my soul starts all over again.
But thank You God for Your Spirit,
Who gently guides me and patiently waits for me.
To enter in...
And when I gaze through the cloud,
and realize I am behind the veil,
When I realize I entered in, Spirit, soul, and body,
I realize I cannot stand.
I cannot stand,
Because of myself,
I am just a piece of clay,
Formed by You, yes,
Yet taunted by the enemy of us both.
I cannot stand,
Because my hands are empty.

I cannot stand,
Because my mind does not understand and capture.
I cannot stand,
Because once more I have denied You,
In so many unwilful and yes! ... Also willful ways!
Oh, wretched human that I am!
Who will save me from this unholy flesh?
Thank You Jesus, That You already did.
That the veil I thought I walked through,
No longer exists, because it was torn,
From top to bottom.
And that through Your Precious Blood I was not denied,
The entrance into Your holiness!

Spiritual Eagle - 2001

Prayer

Lord let me die,
So, Jesus can live in me.
Lord cleanse me by the Blood,
So that I can be clean and walk with you.
Lord fill me with your Spirit.
Lord lead me by the Spirit.
Lord USE ME TODAY!

Spiritual Eagle

No Trespassing

I once was walking on a long,
long dusty road.
And then I met Someone who would
become my best Friend.
Before we met, we were going diverse ways.
The moment we met my point of destination
became blocked by a red traffic light.
NO TRESPASSING.
He was going through a green light.
So, I decided to join Him thinking that once on the
way, it would be all right to continue to my end
destination.
But NO, He said, once we were on the way, no
going back.
If you decide to join me,
it means 'Just going forth.'
Going back would mean losing your
real end destination.
So, I continued with Him on the way.
Forgetting little by little that
I was once heading differently.
Seeing the red light getting smaller and smaller.
Even though we were first going
diverse ways I now decided to join
Him on His way, which was
lit by a sharp bright light.
And that Light attracted me.

Spiritual Eagle

Lord Jesus, I Need You

Lord, I need You.

I am hungry,
I am thirsty,
My flesh is drying up,
My lips are cracked and chipped,
My eyes are flooded with tears,
My hands and feet are tired and
swollen from hard work,
My heart is broken tearing apart,
My soul is crying out!

Lord Jesus, I need You!
Where are you??

You live right in me,
All I have to do is reach out and touch You,
Help me, Lord!

To reach out and touch You... And feel You...

Spiritual Eagle

Give And It
Shall Be Given to You

Was there anyone to give water to Jesus,
On His way to Calvary?

They were all there to receive.

Was there anyone to give to Him?

His friends,
His enemies,
The apostles,
His family,
The sick,
The needy,
The hungry...

Spiritual Eagle

Friends

Friends who stick closer than a brother,
Friends who are open for Your guidance,
Friends who do not shut their eyes!

Friends who through the days,
Friends who through the weeks,
Friends who through the months,
Friends who through the years,

Always have held up,
The torch of hope and faith.

A phone call,
A handshake,
A word,
A look,
A card,
A verse,
A gift,
A smile,
A shoulder to cry on...
Friends have been there,
And it's because of friends,
That I did not succumb!

To those who always encouraged me,
to keep the hope!

Spiritual Eagle - 1992

Waves

As the waves of the sea,
Grumble and roar,
As they slide up and down,
In and out,
Under and through...

As the waves of the sea,
Slide against my life's shore,
To take and bring sand and stone.

As the waves of the sea,
Is Your Spirit OH God.

Grumbling, Roaring, Sliding,
Taking and bringing,
Substance to my life.

Spiritual Eagle - 1984

A New Place

Go forth unto a place which I will show you.
Going forth?
Moving?

Moving to a new house...
A house which has been carefully built and
prepared.

But moving means moving with stuff,
It means leaving heavy things behind.
It means throwing away needless keepsakes.
It means wrestling over "letting go."
Letting go, to receive new things.

Let it go! Let it go!
Go forth!

Spiritual Eagle - 2000

Ripples

It is an overly exciting thing
to toss pebbles in a river,
Or in a stream of water.
Some people or children would even try to make
the stones jump on the water.

But have you ever noticed that
when the stone falls in the water,
It makes a circle shape,
Which grows bigger and bigger?

It makes ripples.
And it is a beautiful sight.
Even to see the pebble disappear.
Never to come back to the surface...

But...
To throw stones in the heart of a human being,
Especially a child...
Is not always a sight as beautiful
as mentioned above.

The water that moved away from
where the pebble landed,
Will rush back to fill the empty space it caused.

But what now, if that tender heart will forever be
hurt with a big hole in it?
An empty space?
With no water to rush back and fill that empty
space?

Spiritual Eagle – 2021

A Piece of Furniture

I am so happy,
Yes, so happy,
That someone is trying to make me happy.

Only the LORD can do this,
Only HE knows my heart,
How lonely I am.

The feeling of being,
Like a piece of furniture,
Overwhelms me again!

At least now I get the feeling,
That I am an important
Piece of furniture!

Spiritual Eagle - 2021

Lord, Please Forgive Me!

Luke 4:18-19
New International Version
"The Spirit of the Lord is on me, because he has anointed
me to proclaim good news to the poor. He has sent me to
proclaim freedom for the prisoners and recovery of sight for
the blind, to set the oppressed free, to proclaim the year of
the Lord's favor."

Lord,
Please forgive me!
Do not take Your Holy Spirit from me!
I am not worthy of Your Grace!
But You alone made me worthy.
Thank You Lord.

Spiritual Eagle – 2021

Contempt

What exactly is contempt?
The feeling that a person or a thing is
worthless or beneath consideration.
It means disregard for something
that should be considered.

And what is the opposite of contempt?
Appreciation.

Have you ever been through this experience?
Contempt can bring you to hate something.
First you were in awe for it and
then you turn from it?
But all of a sudden...you appreciate it...?
Hmmmm

Spiritual Eagle - 2021

At The End

At the end,
You are the Almighty One.
At the end,
You are the Most Sovereign God.
At the end,
You are everlasting.
At the end,
You are the Beginning and the End.
At the end,
You are Alpha and Omega.
At the end,
You are the God of Abraham, Isaac, and Jacob.
At the end,
You will bring everything to an end.
At the end,
It is not how we want it.
At the end,
It is not if we think, it takes a long time.
At the end,
Whatever we put our hands on,
You will bring to an end.
At the end,
You always win, my King!

Spiritual Eagle- 2021

Oh, What A Privilege!

I was once a slave-
I became a servant.

I was once an enemy-
I became an ally.

I did not love Him-
Now I am His friend.

I did not have a voice-
Now I am a voice.

I represented the enemy-
Now I am His representative!

Spiritual Eagle - 2021

Complacency

Do not:
Be complacent!
Do not:
Be satisfied with the current situation.
Do not:
Be unconcerned about changing a situation.
Do not:
Be happy with yourself.
Do not:
Be unconcerned.
Do not:
Always be satisfied with your achievements.
Do not:
Be complacent.
Because of your blessings.
Do not:
Take them for granted.

God does not bless us because He must bless us...
But because He promised He would!
Not because of our complacency...

Spiritual Eagle - 2020

Skondé mi Den e Baranka

Kansá di buelo,
E águila ta buska su nèshi, e sa unda e nèshi ta si,
Pero e neblina ta purba di strob'é, pa e no hañ'é.

Pero den su búskeda prufiá e águila ta ripará,
Ku anochi ta serando, i e ta leu for di kas.
Ya no tin mas tempu pa yega,
Promé ku skuridat kompletu tap'é.

O Señor,
Tapá mi den e baranka,
Lagá mi keda ei protehá pa e trampanan di anochi.
Kuidá mi kontra e bientu di tempestat di mardugá,
I guiá mi pa e lus di solo di mainta.
Lo mi habri mi alanan,
I sosegá riba e koriente di e bientu.
I mi bista lo klara pa mi wak mi presa djaleu.
I sigui mi buelo,
Te ora mi yega mi nèshi.

Danki Señor pa wardá mi den e Baranka.

Spiritual Eagle - 2005

Water

The heartbeat of water is a soft and beneficial one.
As mild and beneficial as water can be.
It is also strong and relentless.

Water, it flows through the veins of
everything that lives.
Water, it is always in motion.
Water, it evaporates and becomes liquid again.
Water, it sinks deep into the ground.
Water, it rises again.
Water, it also follows a complacent
rhythm in an endless space.

The heartbeat of water is a soft and beneficial one.
As mild and beneficial as water can be.
It also is strong and relentless.

Spiritual Eagle – 2022

De Schepper van de Zee, de Lucht en het Zand

De golven bonken tegen het strand aan,
En vertellen mij dat zij een lange reis achter de rug
hebben.
Met melodieuze geluiden en bewegingen,
Hebben zij zich te houden aan de grens,
Hun gesteld door hun Schepper.
Maar bij elke slag,
Elke spat water,
Elke dijning,
Elke beweging,
Elke schuimkap,
Elke druppel,
Hoor ik een lofprijs tot God de Schepper,
Groot Oppermachtig, Wonderbaar, Mooi,
Oneindig, Heilig!
De Schepper van de Zee, de Lucht,
en het Zand.
De zand die opgeworpen wordt,
Met al haar geheimen uit het diepste der zee,
Vanaf het begin van de Schepping zelve,
Ligt in alle rust....
En herinnert mij er aan dat ik ben
Een dochter van Abraham!
Van de Schepper van de Zee,
de Lucht en het Zand.

Niets daaromheen met mensenhanden gemaakt,
Om vast te houden de Zee,
de Lucht en het Zand,
Kan evenaren het Leven, de Pracht,
en de Praal
Van het Koninkrijk,
Waarvan de Vader mijn Koning is.
En de Koning is mijn Vader!! Wat een genade!!

Spiritual Eagle - 2013

De Storm

De storm op zee,
De zee rustig.
Het bootje vaart ook rustig.
De wind ...komt op...
De bewegingen worden hoe langer hoe ruwer.
De golven worden groter.
Het bootje...oh men heeft er geen vat meer op!!!
De storm!!!!
Het bootje wordt heen en weer geslingerd.
En er is maar EEN die het bootje kan vasthouden...

Spiritual Eagle

Toiletrol?

Ach, Die stomme toiletrol toch!
Hij is weer opgeraakt.
En dat is altijd wanneer ik geen zin heb
om het te verwisselen.
Wanneer heb ik eigenlijk wel zin?
...Wat Gij doet,doet dat ter ere van Hem...
Dan zal ik het toch maar doen.
Per slot van rekening is het ook niet leuk voor
degene,
die na mij toiletpapier nodig heeft om een
lege rol aan te treffen.
Wat? Is het zo gemakkelijk??
Stom he?
Je ziet er tegenop ...
En het is zo simpel als wat.

Spiritual Eagle - 1982

De Schemering

Heeft u wel eens in de schemering bij
een bushalte gestaan?
Stilte.
Doodse stilte.
In de verte suist een auto over de weg.
De wolken worden haastig
voortgedreven door de wind
die zijn geluid amper laat
horen in de heen en weer
wiegende boomkruinen.
Een stukje snoeppapier ritselt voorbij.
En dan nog een boomblad.
Ik hoor het geluid van rinkelende kopjes en lepels.
Een heerlijk koffie geurtje komt me vriendelijk
tegemoet, als de wind even een
strelende vlaag geeft.
Ik wil in mijn tas graaien naar
een dropje, maar durf niet.
Te bang om de stilte te verbreken.
Maar die forse zware voortsjokkende
trein die stormt er wel op af zonder
medelijden. Gelukkig maar,
anders zou ik te laat aankomen op de
plaats waar ik moet zijn.

Spiritual Eagle - 1980

In de Wachtkamer
bij de Dokter

Goedemorgen!
Zullen wij onze jassen hier maar ophangen?
Een kind zit te kleuren.
Door het puntje van zijn tong wat hij
uitsteekt kun je de spanning aanvoelen,
die in zijn hart opwelt.
Een man steekt een sigaret op,
en nog een, en nog een.
Hij loopt even weg. Je hoort
voetstappen achter hem.
Een oudere vrouw komt huilend de
wachtkamer binnen, alleen.
En ik??
Ook alleen.
Maar denkende aan jou.
En biddende voor jou.

Spiritual Eagle
(Voor een hele goede vriend tijdens zijn ziek- en sterfbed in Nederland)

Het Weer

Wat is het toch slecht weer he?
De wolken zijn zwaar van de regen.
En de mist komt ook al op.
Waar blijft de zon toch?
Stommerd!
De zon is er toch altijd?
Jíj bent degene die de zon niet ziet.
Laat je niet verblinden of verwazigen door de
wolken en de mist.

Spiritual Eagle – 1980

Kleren Kopen?

Eerst innerlijk dan uiterlijk.
Een pas wit geverfde graftombe?
Maar die stinkt van binnen.
Eerst maar die doodsbeenderen bij elkaar
scharrelen.
In een kruik doen en begraven.
Dan krijg je gratis nieuwe kleren!

Spiritual Eagle - 1980

Mijn Gedachten

Mijn eigendom.
Die kunnen misschien uitslaan tot
zweetdruppels op mijn voorhoofd.
Tranen,
Een gloeiende neus,
Trillende lippen of mondhoeken,
Een bonzend hart,
Koude handen,
Voeten die zich om de stoelpoten wringen.

Maar zij zijn en blijven...
Mijn gedachten
Mijn eigendom...
Die alleen doorgrond kunnen worden
Door Diegene die diep in mijn hart kan kijken
Degene van wie ik én mijn gedachten
de eigendom zijn.

Spiritual Eagle - 1980

Geloof Me

Twee mensen die zeggen 'geloof mij'
Bij de ene is het:
Lezen
Geloven
Lachen
Maar daarna...
Vragen...
En zelfs weer...
Verdriet.

Bij de andere is het:
Lezen
Niet begrijpen
Tóch geloven
Rust
Blijdschap
En daarna
Ook vragen ...

Maar nooit
Verdriet,
Of gebrek aan zekerheid dat in Hem
het werkelijk waard is te geloven.

Spiritual Eagle – 1980

De Bus Halen

Oh wat is het toch al laat!
Ik heb nog maar een paar minuten!
Even voortmaken,
Heer ik denk dat ik het nog haal.

Neen hoor.
Diepe teleurstelling.
Hij rijdt net voor mijn neus weg.

Tja, er valt niets anders te doen.
Dan maar de volgende halen.
Dat betekent plus minus een kwartiertje wachten.

Weet u?
Dat er ook een bus op weg is om u op
te halen voor de eeuwigheid?
En weet u ook dat als u die niet haalt,
Dat er geen kans is op een volgende bus?
Deze bus rijdt maar één keer.
Staat u al bij de bushalte?
En heeft u uw buskaartje gereed?

Spiritual Eagle - 1980

Over De Drempel

Het nieuwe leven is als een drempel.
Als je er eenmaal overheen bent gestapt,
Dan moet je doorlopen,
Het vertrek in,
waarnaar de deur leidt.

Spiritual Eagle – 1981

Het Zolderkamertje

Het zolderkamertje dat siddert en beeft van de kou,
Het voelt haast bijna de zonnestralen niet meer,
Het is verdrietig,
Het heeft heimwee, heimwee naar vroeger,
Naar de tijd toen er een kruisbeeld
aan de muur hing,
Een van de tekenen van licht,
Temidden van al de duisternis.

Het heeft heimwee,
Naar de tijd toen tot God geroepen werd,
Als het nu om zich heen kijkt,
Dan ziet het de duisternis die
niet te overbruggen is.

Maar door al deze verdrietige tranen heen,
Ziet het een wazig lichtje,
Een kaarslichtje?
Neen, een lichtje van een olielampje,
Waarvan de olie nooit opraakt,
Zou het toch?
Zou die tijd toch nog terugkomen?

Spiritual Eagle – 1981

Geluk?

Geluk?
Een schaduwbeeld van echte geluk,
Familie, een huis, werken.

Echte Geluk.
Familie, een huis,
werken, kindertjes, gezelligheid...

But most of all also THE SPIRIT OF GOD!!

Spiritual Eagle - 1982

Carpe Diem

Bo sa?

Mi ta urgí bo pa bo saka lo máksimo for di bo
presente;
Laga lòs di bo ayera, i pensa ménos
riba loke ta mañan.

Mi ta urgí bo pa bo hasi lo máksimo
riba e dia di awe;
Gara kada oportunidat kue tene duru.
I usa si, loke ta bon di ayera.

Mi ta urgí bo pa bo gosa di e
bida ku Kreador a duna bo;
I sea Su mannan i Su pianan,
i kumpli ku Su yamada pa abo.

Mi ta urgí bo pa bo sa den bo
kurason ku mañan no ta den bo man;
I ku bo no sa si lo bo tin un mañan.

Spiritual Eagle – 2022

Epílogo Eskritor

Lèsnan di e Águila pa nos siña di nan.

Tin algun punto interesante di e animal akí, ku ta representá bon karakterístikanan i hopi balornan kristian i kultural, ku nos por siña di nan, i usa komo ehèmpel den nos bida diario. Esei ta e motibu tambe ku na momento ku mi a studia e animal aki, mi a keda maraviá ku su karakterístikanan.

- Un águila ta keda ku su pareha pa henter su bida.
- Águila mama i águila tata ta kompartí responsabilidatnan, por ehèmpel, trahamentu di e nèshi, nan ta hasié huntu.
- Despues ku e mama pone mas o ménos tres webu, kada unu ta sinta riba e webunan segun turno, pa e webunan brui, pa mas o ménos 35 dia largu.
- Despues ora e yunan sali nan ta kuida nan huntu.
- E yunan ta siña bira independiente hopi lihé, pero nan ta siña semper unda nan kas ta; nos por saka afó ku nos yunan tambe si nan a ser apropiádamente kriá i eduká, dor di nan mayornan ku ta stima nan hopi, semper nan lo keda òf bai bèk na nan siñansanan, asta si nan tin e tendensia di bai 'keiru' un tiki.

Tin algun historia tokante e águila ku no mester tuma literalmente, pero mas bien komo símbolo, metáfora, òf alegoria. Ounke a deskubrí ku e mítonan akí no ta bèrdat, e tekstonan ta basá riba algun pensamentu popular ku ta bini di sierto opservashon. Kisas a konta e historianan aki un biaha i a keda ripití nan ku bon intenshon. Nan ta kontené puntonan bon i ekselente, pero nan no ta basá riba realidat total di e komportashon i biologia di e águila. Tin di e puntonan aki ta aparesé riba Internèt, i asta den predikashinan i literatura. Ku trese esaki dilanti no ta pa mengua kredibilidat di e mensahenan ni e mensaheronan. Pues ta bon pa menshoná ku nos ta sita e símbolonan aki, pero ku e meta pa mustra algun bèrdatnan skondí ku e intenshon pa enkurashá nos.

◇ Un di e mitonan aki ta ku e águila na edat di mas o ménos 40 aña ta bai den soledat pa renobá su pik, su plumanan, i su uñanan ya asina ku e renobashon akí e por biba un 30 i piku aña mas. Ta konosí ku un águila por biba te ku 70 aña.

◇ Tambe ku e águila na momento ku e yunan ta kla pa bula, i nan no ke bai pa motibu di miedu, e ta ranka e nèshi kibra asina nan ta kasi kai for di e nèshi i outomátikamente nan ta kuminsá bula, pa despues e mama águila bula bou di nan i fangu nan riba su alanan.

Renobashon pa nos tur ta algu ku nos mester traha riba dje. No na sierto edat, pero kada dia di nobo. Klaro ku segun nos edat ta subi, nos tin mas eksperensia, i nos lo bai hasi sierto kosnan diferente, i kasi por bisa ku hopi biaha e erornan ku nos a kometé a forma un base stabil pa nos eksperensia. Nos boka, nos karganan di konosementu por ehèmpel, e echo ku nos ta skèrpi den mira i komprendé kosnan (disernimentu), tur esakinan mester di un renobashon o refreskamentu.

Nos yunan, e klòmpinan di oro ku Dios a regalá nos: ta yega momentonan ku nos mester laga nan lòs, laga nan fir manera un fli, i keda tene e kabuya pa e fli no bai tapa tapa; pero pa asina kue bientu baha i ora e fli ta kasi bini abou, nos por trèk e kabuya i yud'é subi bèk. E base pa esaki, kiko e ta? Amor, pasenshi, perseveransia, orashon, enkurashamentu, mustra nan ku nan ta importante pa Dios i pa Su Reino. I tambe pa otronan ku lo por wak riba nan komo ehèmpel.

Pa esnan di nos ku tin yunan ku ta bai pa studia den eksterior, òf ku ta bai un otro direkshon òf etapa di nan estudio, no lubidá nunka, ku nos yunan tin mester di nos. Ta NOS komo Kristian tin hopi pa duna nan, si nos no hasié, e mundu malbado eifó ta para kla pa gara nan.

En todo kaso, nos por siña hopi di e águila. Simbolismo ku nos por saka for di e águila ta: virtut, puresa, inosensia, poder, kurashi, hustisia i perseveransia. Tur esakinan nos ta topa nan bèk den Palabra di Dios i ta na nos, pa traha riba esakinan den nos bida i desaroyá nan.

Ta keda na nos pa, ratu ratu nos tuma tempu i apartá nos mes, so ku Dios. Pa E renobá nos alma, kurpa i spiritu. Ayuno, orashon, lesa i studia e Palabra, ta fuentenan poderoso pa nos kresementu spiritual pero mas aun, pa nos relashon ku Dios bira mas profundo i efikas. Spesialmente nos mester tuma tempu i atendé kosnan ku a traves di dianan drùk, nos a laga pasa pa numa. Kosnan ku kisas nos ta yama piká chikitu, puntonan den nos karakter, aktitutnan robes, etc; nos mester atendé ku nan. Hasi un limpiesa total.

Meskos ku tin biaha nos ta tene "grote schoonmaak" na kas, i nos ta limpia den tur kashi, tira kosnan bieu afó, laba kortina, fèrf aki aya, asina tambe nos mester hasi ku nos bida. Bira kompletamente bashí di nos mes kosnan i laga Spiritu Santu renobá i yena nos di nobo, ku Su unshon, yobida di Su awa fresku, kandela nobo, asina nos por ta mas útil den Su mannan i un berdadero testimonio. Nunka no bisa: "Ai mi a yega kaba". Nunka no bisa: "Asina mi bida ta ku Dios semper, pues e ta bon". Si e pensamentu ei so ta den bo mente, ya kaba esei ta un prueba ku bo mester bai buska kara di e Dios Santísimo.

Meskos ku nos ta sòru pa nos kurpa, e parti pafó di e tèmpel, meskos e parti paden tambe mester ta nèchi, limpi, bunita. Na final ta esei ta loke tin balor eterno.

Dios bendishoná bo, miéntras bo ta maraviá den Dios Su grandesa, sabiduria i gloria den naturalesa, di kua nos por siña asina hopi lès.

Algun versíkulo pa yuda bo den e proseso di buska Señor i bai pa un renobashon kompleto:

Salmo 51:10 - Krea den mi un kurason limpi, O Dios, i renobá un spiritu rekto den mi.

Romanonan 12:2 - I no sea konforme e mundu aki, ma sea transformá pa medio di e renobamentu di boso mente, pa boso por komprobá kiko ta e bon i agradabel i perfekto boluntat di Dios.

Efesionan 4:23 - I pa boso wòrdu renobá den e spiritu di boso mente,

Kolosensenan 3:10 - I bisti e hende nobo ku ta wòrdu renobá den un konosementu bèrdadero segun e imágen di Esun ku a kre'é.